THE MAKĀRIM AL-AKHLĀQ

A Treatise on 'Alīshīr Navā'ī

by

Ghiyāth ad-Dīn b. Humām ad-Dīn Muḥammad
"Khvāndmīr"

Edited in facsimile from the manuscript Add. 7669
in the British Museum with an introduction and indices

by

T. Gandjeï

"E. J. W. GIBB MEMORIAL"
NEW SERIES XXVII
PRINTED FOR
THE TRUSTEES OF THE "E. J. W. GIBB MEMORIAL"
1979

ISBN 0 906094 11 9

Printed in Great Britain by
Lowe & Brydone Printers Limited, Thetford, Norfolk

THIS VOLUME

IS ONE OF A SERIES

PUBLISHED BY THE TRUSTEES OF

THE "E. J. W. GIBB MEMORIAL"

The funds of this Memorial are derived from the Interest accruing from a Sum of money given by the late MRS GIBB *of Glasgow, to perpetuate the Memory of her beloved Son*

ELIAS JOHN WILKINSON GIBB

and to promote those researches into the History, Literature, Philosophy and Religion of the Turks, Persians and Arabs, to which, from his Youth upwards, until his premature and deeply lamented Death in his forty-fifth year, on December 5, 1901, *his life was devoted.*

تِلْكَ آثَارُنَا تَدُلُّ عَلَيْنَا * فَانْظُرُوا بَعْدَنَا إِلَى ٱلْآثَارِ

"*These are our works, these works our souls display;*
Behold our works when we have passed away."

CONTENTS

INTRODUCTION

1. *The author*

Ghiyāth ad-Dīn b. Humām ad-Dīn Muḥammad, better known under his *laqab* Khvāndmīr was born between 878 and 881/1473–1476,[1] probably in Herāt. His father Khvāja Humām ad-Dīn Muḥammad b. Khvāja Jalāl ad-Dīn Muḥammad b. Khvāja Burhān ad-Dīn Muḥammad of Shīrāz, was the vazīr[2] of Maḥmūd Mīrzā b. Sulṭān Abū Sa'īd.[3] Khvāndmīr's mother was the daughter of Sayyid Muḥammad b. Amīr Burhān ad-Dīn Khāvandshāh b. Shāh Kamāl ad-Dīn Maḥmud of Balkh, better known as Mīrkhvānd, the author of the *Rauḍat aṣ-ṣafā*.[4] Mīrkhvānd, who spent most of his life in Herāt, and enjoyed the patronage of Amīr 'Alīshīr Navā'ī, and died in this city in 903/1498, belonged to a family known for their religious piety and learning.[5] The great influence in Khvāndmīr's education and studies was his grandfather, of whom he speaks respectfully as *abavī-yi makhdūmī*.

Khvāndmīr as a young man enjoyed the favour and attention of Navā'ī; it was with the encouragement of this munificent patron of arts and letters that he compiled his first work, the *Ma'āthir al-mulūk* in or before 903/1498.

Khvāndmīr was in the retinue of Badī'az-Zamān Mīrzā, the elder son of Sulṭān Ḥusayn, and as his vazīr accompanied him on his various journeys, and was entrusted by him with important missions. After the death of Sulṭān Ḥusayn in 911/1506, when his two sons, Badī'az-Zamān and Muẓaffar Ḥusayn Mīrzā were proclaimed joint-rulers, Khvāndmīr continued to be the vazīr of Badī'az-Zamān.[6] The latter remained in Herāt until the spring of 913/1507, but after his defeat by the Uzbeks in that year left Herāt for Jurjān and took refuge with the Safavids.[7] Khvāndmīr, after the departure of his master, stayed in Herāt until 916/1510 and recorded in minute detail the course of Uzbek rule during those years. In the turbulent years of 916–920/1510–1514, in which the attacks of the Uzbeks and the occupation of Herāt by the Qïzïlbash armies took place, Khvāndmīr seems to have lived a secluded life.

In 920/1514 he was in the village Pasht in Gharjistān, and it was in this year that he joined Muḥammad Zamān Mirzā, the son of Badī'az-Zamān,[8] who was endeavouring to restore Timurid rule. In 921/1515 Muḥammad Zamān Mīrzā took the city of Balkh, from the Safavids. Subsequently a disagreement appeared between this prince and the ruler of Gharjistān, Amīr Ordushāh, and Balkh came into the possession of the latter. Muḥammad Zamān Mīrzā despatched Khvāndmīr to Amīr Ordushāh, but no agreement could be reached, and later on Muḥammad Zāman Mīrzā treacherously murdered Amīr Ordushāh. Qivām Beg, the brother of the latter, surrendered the city to Ẓahīr ad-Dīn Babur's army, and Muḥammad Zamān Mīrzā, having failed in his aims, joined Babur in Qandahār in 932/1517. Khvāndmīr, who accompanied his master, or rather the son of his master (*makhdūm-zāda*), as he puts it, on all his wanderings, now, on the grounds that he had not the necessary equipment to follow him, obtained permission to return to Pasht.[9] It seems that Khvāndmīr later on returned to Herāt; he was certainly there between 927/1521 and 933/1527.

It was in that city that he undertook to compose his major work, the *Ḥabīb as-siyar*, at the request of Amīr Ghiyāth ad-Dīn, the Qadi of Khurāsān.

Khvāndmīr, however, lost his patron when Amīr Sulṭān Mauṣillu, the governor of Khurāsān, had Amīr Ghiyāth ad-Dīn put to death in 927/1521. But when Shāh Ismā'īl dismissed Amīr Sulṭān and appointed Durmïsh Khan Shāmlu governor of the province, and Karīm ad-Dīn Ḥabīb Allāh of Sāva became the Vazīr of Khurāsān, the latter showed much kindness towards Khvāndmīr and encouraged him to resume the compilation of his work, which he duly completed in 930/1524.[10] In mid-Shavvāl 933/mid-July 1527 Khvāndmīr left Herāt for Qandhār, and in 934/1528 set out from there for India. After being seven months on the way, he reached Āgra on 4th Muḥarram 935/19th September 1528, and on the same day he presented himself, together with other literati from Khurāsān, at the court of Babur.[11] For some three months he was ill in that city, and subsequently was in the retinue of Babur on his expedition to Bengāl in 935/1529, and was with Babur at the *trimohini*, or junction of the Sarju and Ganges.

Upon the death of Babur in 937/1530, Khvāndmīr joined the service of his son and successor, Humāyūn, and was with him in Gwalior in 941/1534, and went with him to Mandū where he died in 941/1534.[12] In accordance with his express wishes he was buried in Delhi, near the tombs of Niẓām ad-Dīn Auliyā and Amīr Khusrau Dihlavī.

Khvāndmīr had a son, Amīr Maḥmūd, the author of a history of the reigns of Shāh Ismā'īl aud Shāh Ṭahmasp, which was completed in 957/1550, and dedicated to Muḥammad Khan Sharaf ad-Dīn Täkälü.[13]

2. *His works*

Khvāndmīr was a prolific author. From his early youth up to his death, for nearly forty years, he devoted himself, not always under favourable conditions, to literary pursuits. During this period he composed several important works, and whenever possible revised and brought up-to-date his earlier works. Khvāndmīr was also a poet in his own right. Sām Mīrzā, in his *Tadhkira*,[14] includes a notice on Khvāndmīr in the chapter dedicated to 'persons of distinction who occasionally composed poetry'. His poetry, besides the verses in *mathnavī* form appended to various sections of the *Ḥabīb as-siyar*, consists of chronograms, *mu'ammās*, fragments and *rubā'īs*.[15]

His works in chronological order are as follows:

(1) The *Ma'āthir al-muluk*, written in or before 903/1498, is a work on the institutions and wise sayings of prophets, sages and ancient kings. It was, as the author states in the preface, composed with the encouragement of Navā'ī, and dedicated to him.[16]

(2) The *Khulāṣat al-akhbār fī bayān aḥvāl al-akhyār*, a short general history, composed in 905/1499–1500, was completed, according to the author, in six months, with the help of Navā'ī, who in 904/1498–9 placed his library at Khvāndmīr's disposal to enable him

to write the book. The orderly presentation of events ends with Sulṭān Ḥusayn's second accession to the throne in 875/1471. The *Khulāṣat al-akhbār* constituted the basis of the *Ḥabīb as-siyar*, and was eventually superseded by it. Nevertheless, it is an important work, in that it contains an account of the topography of the city of Herāt, and valuable biographical notices on *sayyids*, *'ulamā*, poets, calligraphers, painters and musicians of the reign of Sulṭān Ḥusayn.

(3) The *Makārim al-akhlāq*, see below.

(4) The *Dastūr al-vuzarā*, composed in 915/1509–10, is a work on the lives of eminent vazīrs from early Islamic times to the end of Sulṭān Ḥusayn's reign. The work was dedicated to Khvāja Kamāl ad-Dīn Maḥmūd.[18]

(5) The *Nāma-i nāmī*, a manual on epistolary art and style, was composed, according to the chronogram implicit in the phrase منشئات لطيفه, in 925/1519. In addition to the description of the theory of this art, it contains a number of important historical documents and letters.[19]

(6) The *Muntakhabāt-i Tārīkh-i Vaṣṣāf*. This work, which is mentioned in the preface of the *Ḥabīb as-siyar* as one of the author's works, seems not to have come down to us.

(7) The *Ḥabīb as-siyar fī akhbār afrād al-bashar*, is a general history from the creation of the world up to the year 930/1524, in three volumes.[20] The third volume, which is by far the largest part, contains the history of the Mongols and Timurids and Shāh Ismā'īl. The sections dealing with the history of the late Timurid period and the reign of Shāh Ismā'īl are of special interest on account of the author's first-hand information about the events he describes.

(8) The *Humāyūn-nāma* is an account of the rules and ordinances established by the emperor Humāyūn, and a description of the buildings erected by him. It was composed in 941/1534 at the request of Humāyūn.[21]

3. *The Makārim al-akhlāq*

The *Mākārim al-akhlāq* is a treatise on the life and works of 'Ali-shīr Navā'ī. After completing his two early works, namely the *Ma'āthir al-mulūk* and the *Khulāṣat al-akhbār*, both dedicated to Navā'ī, Khvāndmīr then composed a work on his patron as a token of gratitude, and in order to commemorate his good name and praiseworthy deeds. But before Khvāndmīr made a fair copy of it, Navā'ī died in 906/1501, and so the author, after adding a section on the death of his patron, dedicated the work to the reigning sovereign Sulṭān Ḥusayn.[22]

The *Makārim al-akhlāq* consists of a prologue (*muqaddama*) on the birth and childhood of Navā'ī and ten chapters (*maqṣads*) as follows:

(i) on Navā'ī's wisdom and perception, illustrated by the role he played in two historical events: 128a;
(ii) on Navā'ī's years of study at Herāt and Samarqand, his joining Sulṭān Ḥusayn in Herāt, his patronage of the '*ulamā*', his construction of *masjids* and *khanqāhs*, and a list of the works dedicated to him by contemporary '*ulamā*': 130b;
(iii) on Navā'ī's poetical works; this chapter includes the text of three letters from Jāmī to Navā'ī, some of Navā'ī's *mu'ammās* and chronograms, and a list of poetical works presented to him: 134a;
(iv) on Navā'ī's prose works, including the text of a letter from Navā'ī to Khvāja Afḍal ad-Dīn Muḥammad and Khvāja Shihāb ad-Dīn 'Abdallāh, and a list of prose works presented to him: 140a;
(v) on Navā'ī's interest in charitable work, his reading of Sufi writings under Jāmī's guidance, and the construction of *khānqāhs*, *ribāṭs*, cisterns, bridges and public baths in the region of Khurāsān, with mention of some of them by name: 143a;
(vi) on Navā'ī's performance of religious duties, the construction and restoration of *masjids*, which are mentioned by name; this chapter includes the text of a letter from Navā'ī to Sulṭān Ḥusayn asking for permission to perform the pilgrimage to Mecca, and also the text of a *nishān* issued by the Sulṭān on this matter: 146a;
(vii) on Navā'ī's compassionate disposition, with anecdotes to illustrate this: 159a;
(viii) on Navā'ī's humility, also with anecdotes: 162a;
(ix) on his generosity, with some anecdotes, and with a list of gifts presented by him to the Sulṭān, princes, *amīrs*, and others: 166b;

(x) on Navā'ī's *bons-mots* and pleasantries: 171b; and an epilogue (*khātima*) on the circumstances of the death of Navā'ī: 177b.

The *Makārim al-akhlāq* is written in the ornate Persian prose of the period, and the author at the beginning of each section makes some general remarks relevant to its subject-matter. These are embellished with Koranic verses, quotations from the hadīth, and Persian and Arabic verses.

As its contents show, this treatise is not a biography of Navā'ī arranged in chronological order, but rather a panegyrical work about Navā'ī, in which the author expatiates on various aspects of his patron's life and work. Nevertheless, this treatise, in spite of its brevity, contains information which is not recorded in other works of this period, and is therefore a valuable source for the study of the literary and, to some extent, the social history of the late Timurids.

Notwithstanding the fact that the author claims that the *Makārim al-akhlāq* enjoyed widespread popularity in his time,[23] only one copy is known to have come down to us. This manuscript is in the British Museum, Add. 7669, ff.121b–185a. It was copied in 965/1558 by Muḥammad b. Ḥamza al-Ḥusaynī in a fair nasta'līq hand.[24] The MS contains several scribal errors. Corrections are listed below, together with a few omissions, which have been supplied by reference to other sources.

127a, 8. For بقوع read بوقوع

127b, 12. For و در ملازمت read در ملازمت

128a, 1. For منشوراتش read منثوراتش

128b, 5. معتبر does not rhyme with منتظم and منعدم

130a, 14. For دشمنان read دوستان

131b, 12. For مقلب read ملقب

131b, 14. For آنحضرت read آن حضرت را

132b, 3. For تحارير read نحارير

135b, 4. 'ārižin yapġač közümdin sačilur har lahẓa yaš

bilä kim paydā bolur yulduz nihān bolġač quyaš

135b, 14. For مطلع read مطلعی

136a, 2: For شك نیست كه read شك نیست كه بیت القصیدهٔ نظم ایّام

136a, 10. For حسن فرد ، كزان بهتر تصور كم توان كرد
read چنان در جودت و حسن بیان فرد
كزین خوشتر تصور كم توان كرد

140a, 3. For مولانا شهاب الدین عبد الرحمن الجامی
read مولانا عبد الله خواهرزاده عبد الرحمن الجامی

140b, 10. For تیر انگشت دبیر read دبیر تیر انگشت

141b, 14. For عادل read عدل

142a, 14. For سخن read و از سخن

148a, 12. For و بجوار read بجوار

150a, 14. For باید كه read باندك

151a, 8: For اسلام read اسلام را

154a, 5. For اُردی read اردوی

159a, 13. For سخت دل read. سختدلی

162a, 1. For نشده read شده

164b, 8. For سازد read سازند

165b, 1. For بایساس read یاسا

166a, 4. For حضال read حضّار

167a, 7. For بحارستان read بهارستان

179b, 10. For یوسف و اغلاقچی read یوسف اوغلاقچی

183b, 5. For اهل read اهل دل

Postscript: whereas a and b are used in references to page numbers in the Introduction and Index, in the text itself the pages are numbered as R and V.

NOTES

[1] These dates are inferred from two somewhat imprecise statements of Khvāndmīr: in the *Nāma-i nāmī,* completed in 925 he gives his age as 46–47 (British Museum, MS, Or. 11012, 3a), and in the preface of the *Ḥabīb as-siyar,* written in 928 as over 47–48.

[2] For the position of *vazīr* in the Timurid context, see Z. V. Togan, *İslâm Ansiklopedisi,* I, p. 351.

[3] On this work, see C. A. Storey, *Persian Literature* (London, 1927–), I, 92–101.

[4] *Ḥabīb as-siyar* (Bombay, 1273), III/3, 194.

[5] *ḤS,* III/3, 189.

[6] *ḤS,* III/3, 360.

[7] *ḤS,* III/3, 368.

[8] *ḤS,* III/3, 369.

[9] *ḤS,* III/3, 369.

[10] *ḤS,* I, 5.

[11] *ḤS,* I/4. 84–5; *Babur-nāma* (GMS), 339.

[12] *Tārīkh-i Firishta,* I (Lucknow, 1864), 215.

[13] Storey, 304, 1279.

[14] *Tuḥfa-i Sāmī,* ed. Humāyūn-Farrukh (Teheran, 1347s), 108.

[15] See British Museum, MS, Or. 11012, ff. 124–132.

[16] Rieu, *Supplement to the Catalogue of Persian Manuscripts,* 18–19; Storey, 102.

[17] Rieu, I, 96–97; Storey, 102–104.

[18] Storey, 1091.

[19] Blochet, *Catalogue des manuscrits persans,* IV, 279–281.

[20] Rieu, *Catalogue of the Persian Manuscripts,* I, 98–102; Storey, 104–109.

[21] Rieu, III, 1024; Storey, 536, 1313.

[22] See the present edition, ff. 122–125.

[23] *ḤS,* III/3, 289.

[24] Rieu, I, 367.

[25] Cf. Jāmī, *Munsha'āt*; British Museum, MS, Or. 10906, f. 45b.

[26] Cf. Ibid., f. 44a.

[27] Cf. *ḤS,* III/3, 346.

INDEX

(I) Names of Persons and Peoples

(2) Places

(3) Titles of Works

هجرت برسول کردان سید قوم تاریخ وفات اوست هجرت برسول و قدوة

الفضلا سید رحمه الله الملقب بمیر منشی بعد سنوات سن آن بانی مبانی خیرات شصت

و دو تاریخ یافته است و یکی از جمله این است که شاه را چون بدید جان بسپرد و راقم

حروف را این قطعه بخاطر فاتر رسیده که تا جناب سید امیری هدایت بنای که ظاهر از و گشت

آثار رحمت شد از خار زار جهان سوی باغی که از آن شکفته گلزار رحمت چو نازل

شد انوار رحمت بر وحش بجو سال فوتش ز انوار رحمت پوشیده نماند که شعرا و فضلای زمان

در بیان تاریخ و مرثیهٔ عالیحضرت خداوندی قدس سره قطعه و قصیده بسیار نظم فرموده اند

و این فقیر از تطویل اندیشیده بر ایراد همین مقدار اقتصار نمود و زبان بدعا متضمن بر متمنای

کشود قطعه امیدوار چنانم که فیض فضل ازل همیشه کام ده شاه کامران باشد

بعدولت او خلقی بیاراید

که عطف دامن او ملک جاودان باشد

فی رمضان سنه خمس ستین و تسع

حرره محمد بن محمد بن محمد الحسینی

عفی عنهم

انگاه ملازمان مهد علیا و ستر عظمی بلقیس زمان خدیجة العهد و آغاوان خلد الله تعالی ظلال حشمتهما
زمره از اصحاب مصیبت را خلع فاخره پوشانیدند عالیجناب افادت پناهی مخدومی مولانا
فصیح الملة والدین محمد النظامی مد ظله که قریب چهل سال در مصاحبت عالیحضرت خداوندی قدس سره
بسر برده بودند و از آنحضرت اکثر متداولات را نزد آنجناب مطالعه کرده از زبان آنحضرت یاد آورده اند
تعبیر میفرمودند در بیان تاریخ این واقعهٔ عظمی این رباعی در سلک نظم کشیده اند رباعی
آن قطب زمانه چون برفت از عالم ۵ تاریخ شد آنکه قطب اقطاب برفت ۵ و عالیجاه امارت دستگاه
عاطفت شعار مکرمت دثار امیر کمال الدین سلطان حسین ابدت ایام اقباله آنحضرت را
بمثابهٔ فرزند صلبی است فرموده اند که قطعه آن مغفرت پناه که رفت از فضای خاک
فی روضة مقدسة طاب حاله چون یافت این کمال ز حضرات در حیات تاریخ فوت گشت
خیر کماله و جناب فصاحتمآب بلاغت انتما مولانا فصیح الدین صاحب دارا که بلطف طبع از سایر
ملازمان آنحضرت شرف امتیاز و استثنا دارد گفته است که قطعه افسوس ز سیر آسمان غدر
کافتاد نهال عرش از بیخ در ماتم او چو دیده خون می ریخت ۵ خونریزی دیده گشت تاریخ
زبدة الاطبا مولانا درویش علی که از میان ابنای جنس نزد آنحضرت بمزید تقرب ممتاز بود نظم
نموده است که رباعی در ماتم آن قدوهٔ ارباب وصول ابنای زمان شاه و گدا گشته ملول

بحرت

چنین آوردند و از جمله تهیا دویست و پنجاه سر گوسفند و سفتا و راس اسب و گاو صرف

کردند و در روز پنجشنبه بیست و سیم ماه مذکور مشایخ کبار و سادات رفیع مقدار و علما و فضلا

و اکابر و اعیان و اشراف و کلانتران را بصحرای سرخیابان طلبیدند و سلطان

صاحب قران نیز تشریف آورده آن مجلس را بنور حضور منور گردانیدند و بعد از کشیدن

طعام موفور و خواندن کلام ملک غفور ملازمان پادشاه عالیشان جمیع توابان

و مصاحبان و ملازمان آن مقیم روضه رضوان را خلعة فاخره پوشانیده از لباس سوگواری

بیرون آوردند و نزدیک خویش طلبیده بالتفات پادشاهانه و عنایات خسروانه

امیدوار گردانیدند و چون مدت چهل روز از انتقال آن مرکز دایره عز و جلال درگذشت

خیال اتش دیگر در خاطر انور صاحب قران عالی گهر گذشت و امیر کمال الدین سلطان حسین

و خواجه جلال الدین محمد بترتیب آن قیام نموده قریب صد گوسفند و دو تقوز اسب

ذبح کردند و اطعمه گوناگون از هر چه در حوصله خیال گنجد افزون در منزل شریف آنحضرت مرتب

ساختند و در روز پنجشنبه بیست و سیم رجب صاحب قران وفادار خلد الله ملکه الی

انقراض الادوار بدان تشریف آورده نوبت دیگر اکابر و اشراف جمع گشتند و امرا

عظام بکشیدن اتش اقدام نموده حفاظ کلام ربان بقرات آیات بینات کردند

رسیده مراسم پرسش بجای آورده شهور اين روز در اکثر مساجد بلده هراة فوق امام

بر بلاس ماتم ارام گرفته جهت ترویح روح ان عالیمقام بختم کلام ملک علام مشغول

گردند قطعه از موت او نشست بهر خانه ماتمی وز فوت او نخاست بهر گوشه شیونی

زین سهمگین مصیبت وزین سهمناک مرگ آتش فتاد در دل هر سنگ و آهنی سلطان صاحب

قران تا روز سیم در منزل آن سر دفتر اهل توقف نمودند و باطعام طعام و ختمات کلام

ذو الجلال والاکرام اشارت فرمود انگاه بر منزل مرقد فایض الانوار آمده شرط زیارت بجای آوردند

برادر بزرگتر امیر عالی گهر امیر نظام الدین شیخ بهلول و برگزیده سپهر الجناب امیر کمال الدین

سلطان حسین و دیگر قرابتان و ملازمان آنحضرت را نوازش کردند و هم درین روز حسب

فرموده سلطان صاحب قران امیر عالیشان مبارز الدین محمد بهادر روز افزون و جناب

امارت مآب خواجه افضل الدین محمد و زبدهٔ امراء درگاه خواجه شهاب الملة و الدین

عبد الله در خانهٔ حضرت مغفرت پناه مشایخ و سادات و علما و افاضل بلده هراة را

طلبیده بکشیدن اطعمه و ازوان قیام نمودند و دران مجلس حفاظ نیز جمع آمده بختمات قران مجید

اقدام فرمودند اما همت بلند صاحب قران سعادتمند بدین اکسن قانع نگشت و خیال

دعوتی در غایت کثرت بخاطر انور رسید گذشت امراء عظام روی بترتیب مایحتاج آن

آه دو دانسای ممکنان بیان رایت حکومت سلیمانی نو دولت با سمان رسید و خوناب دل
از راه دیده چون گوهر اشک گریان روز برگشته دم بدم در خاک غلطید مثنوی
ز مژگان دم بدم خوناب میریخت ز دیده گوهر ناب خون میریخت نفیر بالا گرفت از دو زیاده صدا در گنبد
فیروزه افتاده درین اثنا چو سرهوا بموافقت شاه وکلا قطرات اشک فرو بارید
بلکه رشحات سحاب روح وریحان پیرامن جنازه عرش اندازه اش نازل گردید
رباعی خون شفق از دیده گردون بچکید مه روی بکند و زهره گیسو ببرید
شبها سیه کرد درین ماتم و صبح بر زد نفس سرد و گریبان بدرید در عیدگاه
هراة بران ذات فایض البرکات نماز گذاردند الکاه بگنبدی در جنب مسجد جامع
خویش جهة همین مصلحت ساخته بودند آورده دفن کردند ع ای خاک چه دانی که چه
در بر داری آن شب بسیاری از اعاظم سادات و علما در سر مزار فیض آثار احیا
نمودند و حفاظ کلام الهی تا صباح بتلاوة مشغول کرده طرفة العینی نغنودند
روز دیگر که جمشید خورشید مانند سوگواران لباس کبود آسمان در پوشید و خیل انجم
بسان اشک از دیده مردم فرو پاشید صاحب قران وفادار بسم در منزل امیر مغفرت
شعار در مقام غرا نشست تا اکابر و اشراف دار السلطنه هراة ملازمت

آیین تشریف آوردند و چون مرض آنحضرت را در نهایت صعوبت مشاهده نمودند رقت
بسیار نموده قرین حزن و اندوه فراوان بباغ شتافتند اما هر لحظه کس فرستاده مراسم
پرسش بتقدیم میرسانیدند و از غایت غم و اضطراب لمحه بفراغت در بستر استراحت
نمی آرامیدند در روز شنبه نیز حال آن امیر حمیده خصال هم بدین منوال جاری بود بلکه
زمان زمان ضعف قوی ترگشته شدت آن مرض می افزود عاقبة الامر در صباح یکشنبه
دوازدهم ماه مذکور داعی حق را لبیک اجابت گفته نقد بقا بقابض ارواح داد و بلبل
گلشن حیات را بریاض علوی فرستاد بیت تا جهانست چنین بود و چنین خواهد بود
همه را عاقبت کار همین خواهد بود و صیحه صبح روز محشر و صورت صور فزع اکبر در عالم اصغر
ظاهر گشت و نوحه و نفیر امیر و وزیر و فریاد و فغان صغیر و کبیر از اوج آسمان و ایوان
کیوان گذشت سلطان صاحب قران و بعضی از وی پوشان سراپرده خلافت
همان زمان بمنزل شریف آنحضرت تشریف آوردند و از مسند عزت بر پلاس ماتم نشسته
آغاز گریه و زاری و ناله کردند و مراسم تجهیز و تکفین بطریق سنت سید المرسلین ترتیب
دادند و صاحب قران ظفر قرین و امرای حشمت آیین و مشایخ اسلام و سادات
عظام و علما و فضائل کافه برایا در صحبت مغفرت مآب روی بخیابان نهادند

خوابیده بجانب شهر مراجعت نمودند مثنوی شد وقت که وقت بسر آید
سیلاب بلا ز در درآید شد وقت که مرکبان الجسم هم نعل بیفکنند و هم سم
شد وقت که این چهار حمال بنهند محفه وسال در اثناء راه بموجب استصواب حکمت
مآب مولانا نظام الدین عبدالحی و مولانا شمس الدین محمد کیلانی آن مظهر مراحم سبحانی را فصد کرده لطایف
الحیل قرب بهمین خون برداشتند اما هیچ فایده بران مترتب نگشت ع برخیز ای طبیبت که
بگذشت کار از آن ه لاجرم ملازمان با دل غمناک و دیده نمناک عنان استر محفه
آنحضرت را حرکت دادند و بهمراهی قوافل حزن و اندوه روی توجه بشهر نهادند و غایة
کل حرکة سکون و نهایة کل کاین لایکون قطعه دلا چو هست سکون درنهاد چرخ نگون
در او چگونه کسی را بود مجال سکون القصه در نیم شب جمعه آن بانی مبانی خیرات را بمنزل
شریفش رسانیدند و علی الصباح اکثر اطبای بلده هراة را بر سر بالین آنحضرت جمع گردانیدند
هرچند آن طایفه در معالجه و تداوی سعی و اجتهاد کردند و ادویه و اشربه مناسبه بکار بردند
صورت صحت روی ننمود بلکه ساعت بساعت صعوبت و شدت مرض در ازدیاد بود ع
چو آمد اجل از مداوا چه سود در همان روز سلطان صاحب قران بشهر رسیده از غایت
محبت که نسبت با آنحضرت داشتند پیش از آنکه بباغ جهان آرای رود بر بالین امیر حشمت

رباط امیرشاه ملک شدند در اثناء راه هر لحظه از جبین مبین امیر هدایت قرین
فروغ بهجت و سرور بیشتر می تافت و هرکس از ملازمان حضرت عالیجاه میرسید بپرسش
ونوازش بیکران اختصاص می یافت چون قرب یک فرسخ مطوی گشت محفه محفوف
بعز و جلال صاحب قران باستقلال عود ارشد درین حین بمقتضای قضای رب العالمین
سرمبارک آن سردفتر ارباب یقین در گردش آمد عالیجناب امارتمآب خواجه شهاب
الدین عبدالله را نزدیک خود طلبیده فرمودند که از من غافل مباشید
که حال متغیر گشت الگاه از اسب فرود آمدند تا خود را بعز دست بوس حضرت
اعلی رسانند و بنابرآنکه صعوبت آن مرض علی الفور بنهایت انجامیده بود وقوت
رفتار فوت شده عالیجناب مشار الیه و مولانا جلال الدین قاسم در زیر بغل امیر گردون
محل درآمدند تا پیش رفته سر در کنار حضرت بلند مقدار نهادند آنحضرت از مشاهده تغیر
حال آن مرکز دایره عز و جلال بغایت اندوهناک و محزون گشتند و چون محل توقف
نبود بعد از اقامت مراسم پرسش ونوازش درگذشتند و همان لحظه آن مرض
بسکته منجر شده دیگر امیر عالی گهر را مجال حرکت و تکلم نماند خدام و ملازمان باتفاق
جمعی از اعزه اصحاب که سعادت آستان ملازمت بودند آنحضرت را در محفه

فرونهاده

اعتضاد الدوله الخاقانی مقرب الحضرت السلطانی در روز سه شنبه پنجم جمادی الاخر برسم استقبال
متوجه قصبه کوسویه گشته رباط پریان را از طلعت خجسته غیرت روضه رضوان ساختند
وآن شب انجا توقف نموده صباح روز چهارشنبه بجهتی ظاهر بقصد خواندن ابیاتی که بر در
دیوار آن رباط که کسی نوشته است بیکی از مصاحبانش درآمد ندگفت چشم مبارک آنحضرت برین قطعه
افتاد که قطعه درین دقیقه بماند جمله حکما که آدمی چکند با قضای کن فیکون
فروغ نبض چو شد متوقف زجنبش اصل . بپای عجز فرو رفت پای افلاطون صلاح طبع
چو سوی فساد روی نهاده بماند سهو زده در دست بوعلی قانون لاجرم اظهار تاسف و
تحسر فرموده بر زبان الهام بیان راندند که بلی همه کس را روی بعالم عقبی می باید آورد و قضا را
خالق موت و حیات را هیچکس منع نتواند کرد از انگاه از انجا نهضت نموده برباط بابا
خوابیده اند و شب پنجشنبه مولانا ویس از اردوی همایون بدان منزل رسیده بشرف عرض رسانیده که
حضرت اعلی امشب در رباط امیرشاه ملک تشریف دارند و علی الصباح از انجا حرکت خواهند
فرمود لاجرم بمقتضای این بیت که بیت منزل وصل چون شود نزدیک آتش شوق
تیزتر گردد وآن خلاصه امتزاج ارکان و عناصر آب تشوق بدولت مواصلت صاحب
ستوده مآثر از دیده روان کرده نماز بامداد در ابگاه تر گزارده و فی الحال سوار گشته متوجه

که در خون چون شفق هر شام ننشست میان دو نیمه نعش ثریا را طرح موافقت و اتصال
نینداخت که باز ایشان را بنات النعش وار متفرق و پریشان نساخت بیت
ز شورش کس درین چمن نیفتاد کزان در غم ماتم نیفتاد عرصه گاه آفت و عرض گاه
مخافت را مقام روح و راحت نام نمیتوان نهاد و جای باشش برای آسایش این خواب
اما دیه بنیاد در آن نتوان کرد اعتقاد بیت گیتی که نشیمن زوالست آسوده دلی نیست در وی
ماتم کده ایست تیره و تنگ در وی نه وفا نه بوی و نه رنگ از مرکبات که پیوسته در کشاکش
یکدیگرند ثبات که دید و بقا کجاست و از طبایع مختلفه که هریک رو بمرکزی دارند چشم داشتن
دوام و استمرار عین غلط و محض خطاست بیت گیتی که اولش عدم و آخرش فناست
در حق او گمان ثبات و بقا خطاست بیت وین آدمی که زبده ارکانش می کنند پیوسته در کشاکش
این چار اژدهاست هرچند واقف خبیر از تقریر این تحریر داند که حال چیست و مقصود
و مراد از تمهید این مقدمه زوال آفتاب اقبال کیست اما شرح سخن آنست که چون
در اواخر جمادی الاول سنه ست وتسعمایه رایات همایون صاحب قران عدالت نهاد
از یورش استراباد بجانب مستقر سریر سلطنت روی نهاد و این خبر بهجت اثر متعاقب
و متواتر بگوش مقیمان دار السلطنه هراة رسید علیحضرت هدایت منقبت کرامت منزلت

و با لشکر جمعیت مقاومت کرده شهر را جهت امیر مشار الیه و حضرت صاحب قران نگاه داشتند
رسید و یکی از ایشان بر دست امیر حسین کشته گشت دیگری در اطراف دیار اوزبک سرگردان
گردید چنانچه تفصیل این حکایة در ظفرنامه مسطور است امیر یوسف جواب داد که من ظفر
نامه را مطالعه کرده ام اما این حکایت را بخاطر ندارم و هم در آن روز امیر صادق همین قصه را از
ظفرنامه سید استصحوب راقم حروف پیش امیر مشار الیه فرستادند تا بر ایشان خواندم و بعد از
انقضاء اندک زمانی از این قبیل دقال از جانب سمرقند خبر رسید که شاه بخت پادشاه
اوزبک بر ماوراء النهر استیلا یافت و خواجه یحیی را با دو پسر بواسطه استقلالی که در آن مملکت پیدا
کرده بودند شهید گردانید پوشیده نماند که عجائب حالات و غرائب واقعات که
این جامع محاسن صفات را دست داده بسیار است و از همه عجیب تر کیفیت مرض و فوت
آنحضرت است برین وجه که شرح پذیر میگردد ذکر انتقال عالیجناب مقرب الحضرت
السلطانی جهان خاوران از این عالم فانی گفتیم که ز قصه مشکلی بنویسیم و ز درد فراق حالتی بنویسیم
کو دل که بدان حال غمی شرح دهم کو دست که از درد دلی بنویسیم قاطبه عقلا را معلوم است که
روزگار غدار پیوسته رایت جفای جهانیان مرتب میدارد و طائفه فضلا را مفهوم است
که فلک ستیزه کار ارباب وفا را آسوده و برقرار نمیگذارد نظم عمر تش دل کسی چون صبح کم بست

فرمودند که آن اوراق را عوض نویسد خواجه حافظ چند روز در تأمل بود که آیا بچه نوع توان کرد که
ورقهای که نوشته شود با سایر اوراق مصحف موافق افتد و کم و زیاده نیاید درین اثنا مصحفی بخط
مولانا شمس معروف بدست آنحضرت افتاد و قطع و قلم آنرا نزدیک بآن مصحف دیده نزد خواجه
حافظ فرستادند که آن اوراق را اگر ازینجا نقل نماید ممکن که موافق افتد اتفاقا مولانا شمس معروف
آن مصحف را از همان مصحف خواجه یاقوت صفحه بصفحه و سطر بسطر نقل کرده بوده که یک حرف از هم
تغیر ننوشته لاجرم نقل آن اوراق بسهولت میسر گشت حکایت در سنه خمس و تسعمایه از جانب
ماوراء النهر متعاقب و متواتر خبر میرسید که خواجه یحیی ولد قدوه ارباب تیقظ و انتباه
خواجه ناصر الدین عبید الله در غایت شوکت و عظمت زندگانی می نماید و سلطان علی میرزا بی
استصواب آنجناب در هیچ امری دخل نمیکند بلکه هر روز بملازمت ایشان می رسد غرض آنکه
در اواخر سال مذکور روزی عالیحضرت خداوندی امیر سید یوسف و اعلاقی را امر کتب ساخته
بزبان الهام بیان گذرانیدند که این نوع معاشی که خواجه یحیی پیش گرفته اند مناسب اطوار
درویشان نیست و این معنی موثر است که هر کس که از سیرت آبا و اجداد خود عدول
و انحراف مینماید ضرری عظیم بوی می رسد چنانچه بمولانا خورد بخاری و ابوبکر بداف
که در زمان امیر حسین در سمرقند رعایا را با خود موافق ساخته رایت محاربت برافراختند

جواب دادند که مولانا پیر احمد را طلبیده از وی استفسار نمایید که من امروز صباح چه گفتم
و میرزا محمد مشار الیه را طلب داشته از منفعتی تفحص نمود او همان خواب را بعینه تقریر کرده حاضران
از مشاهدهٔ این واقعهٔ غریبه متعجب گشتند **حکایت** هم در آن اوقات که بلدهٔ سمرقند
از طلعت امیر فرخنده صفات فردوس مانند بود امیر نظام الدین شیخ احمد سهیلی قصیده
در مدح میرزا سلطان احمد در سلک نظم کشیده جهت طلب اصلاح بنظر آن حضرت رسانید وایشان
ابیات آن قصیده را مطالعه فرموده بر زبان گذرانیدند که بعد از بیتی که باسم ممدوح مزین است بیت
بیتی دیگر می باید تا سخن مربوط شود جناب امارت مآب فرمودند که مرا نیز این دغدغه بود
امید آنکه لطف نموده آن بیت را شما بگویید آنحضرت جواب دادند که من فکر کنم و شما نیز
تأمل نمایید ع تا خود فلک از پرده چه آرد بیرون آنگاه هر یک دوات و قلم و کاغذ
پاره در پیش نهاده در بحر تفکر فرو رفتند و بیکبار سر برآورده هر کدام بیتی نوشتند و بیت بیکدیگر
دادند قضا را توارد واقع شده بود و هر دو یک بیت گفته بودند که یک حرف تغیر نداشت و آن
بیت این است **بیت** بهار باغ جوانی نهال گلشن عدل و گل ریاض کرم سرو جویبار وقار
حکایت نوبتی مصحفی بخط یاقوت ورق چند از آن مفقود در کتابخانهٔ این امیر عاقبت
محمود بود و خاطر اشرف آنحضرت متوجه تکمیل آن تحفه نفیسه گشته خواجه حافظ محمد خطاط را

اما والا واخوان این مولود عاقبت محمود چون بمنزل فرود آمده بر غیبت آنحضرت
مطلع گشتند قوافل اندوه واضطراب بر باطن ایشان استیلا یافته هرچند فرزند سعادتمند
خود را بیشتر جستند کمتر یافتند بالاخره یکی از ملازمان را بجانب یزد باز گردانیدند
تا چیزی از ان حضرت معلوم کند آن شخص چون اندک مسافتی قطع کرد مخدوم زاده
خود باز خورد وآنحضرت بیدرو برادران رسیده وحال عطش مفرط ویافتن آب از کوه
شرح داده همکنان از شنیدن آن سخن در بحر حیرت افتادند واز ان آب شیرین محظوظ گشته
زبان بشکر موهبت الهی گشادند حکایت در زمان سلطان سعید که این امیر صاحب
تایید در سمرقند توطن داشتند صباحی مولانا پیر احمد را که از جمله خدام آنحضرت بود
مخاطب ساخته فرمودند که دوش در خواب دیدم که در مصاحبت میرزا محمد
خوارزمشاه بکوهی بالا میروم دران اثنا بجایی رسیدیم که سنگی بزرگ در میانه راه افتاده
بود نخست میرزا محمد بران سنگ صعود نمود آنگاه دست مرا گرفت تا بالا رفتم اتفاقا
دران روز با میرزاده مشار الیه ملاقات نمودند واو در اثنا حکایت روی بآنحضرت
آورده گفت که دوش در خواب دیدم که همراه شما بکوهی بالا میروم ناگاه بسنگی بزرگ
رسیدیم ومن بر فراز آن سنگ برآمده دست شما را گرفتم وبالا بردم عالیحضرت خداوندی

صحرا و دشت را بنور ضمیر منور گردانید آن ع بزرگ همت بسیار دان اندک سال چشم از
خواب باز کرده دیدند که دران بیابان لب بپایان غیر از ایشان هیچکس نیست لاجرم متوهم
گشتند اما بقوت عقل و کثرت قابلیت با خود اندیشیدند که حالا فایده بر جزع و فزع
مترتب نمیشود سعی باید نمود که راه خراسان پیدا کرده و آنگاه بر مرکب تایید سوار شده و بکمال
بصیرت و فراست راه را پیدا کرده متوجه گشتند پس از لحظه حرارت برجوس هوا استیلا یافت
تشنگی بران محیط فیوضات بینهایت غالب شده نزدیک بآن رسید که قوی از کار باز ماند
درین اثنا از دور سیاهی بمقدار گنبذی نمودار گشت و چون مقدار راه قطع کردند آن شبح
خود تر شد چنانچه خیال نمودند که سوار است و همچنین هر چند نزدیکتر میرفتند خودش
بیشتر ظاهر میگشت تا آنکه گمان بردند که غلاف دو لخت است و در بیابانها بسبب غلط حس
اشیا از دور بغایت بزرگ می نماید بالجمله چون بسر آن سیاهی رسیدند دیدند که مطهره پر آب
هست لاجرم از ان آب آشامیده شکر حضرت واهب العطیات بجای آوردند و از بس طرفه
تر آنکه تا از یزد بیرون آمده بودند آب شیرین نیافته بودند و آن آب در غایت بود ند
و آن آب در غایت عذوبت بود مثنوی کسی کش همت با اقبال پیوند نماند هرگز
او را کار در بند هزاران عقده گر افتد بکارش بآسانی گشاید کردگارش

مشروط بآنکه شما در مدت پانزده روز خاطر ما را از دغدغهٔ کتابهٔ این مقام متبرک فارغ
سازید خواجه میرک انگشت قبول بر دیده نهاده درین باب خطی نوشت و در اثنای ذکر کرد که
اگر از معیاد مقرر دیگر روز بگذرد مبلغ مذکور را بلا عذری جواب گویم بعد از آن آنحضرت امیر کمال
الدین سلطان حسین را گفتند که همراه محصلان خواجه میرک بر دیوان رفته بهر نوع که توانید
این برات را راجع سازید و جناب سیادت مآب متبع و مرور بمنزل خود شتافته آغاز کتابه نوشتن کرد
و تا از آن کار باز نپرداخت از غایت وهم و هراس از خانه بیرون نیامد خاتمه در ذکر
بعضی از غرایب حالات و عجایب حکایات بعد از فوت خاقان عالی مکان
شاهرخ سلطان که هرج و مرج باحوال بلاد خراسان راه یافت والد بزرگوار این امیر
عالیمقدار را اولاد و امجاد را مصحوب خویش گردانیده بشیراز شتافت و پس از سالی چند که در آن دیار
گذرانیدند بمقتضای حدیث حب الوطن از راه بیابان یزد متوجه خراسان گشتند در اثنای
راه شبی خواب بر همه غالب شده از محافظت علیحضرت خداوندی که در آن وقت در صغر سن
بودند غافل ماندند و آنحضرت را نیز خواب ربوده اسب از راه بیرون رفت و بعد از
اندک مسافتی از پشت زین بر روی زمین افتادند اما بواسطه کثرت کوفت راه و غلبه
نوم متنبه نگشتند و اسب نیز بسبب ماندگی همانجا ایستاد و چون سر در نوایت دستیار اطراف

ایشان را نشناخت داده فرموده بودند که بقریه مذکوره رو نهاده و خواجه میرک را گرفته تشدد

تمام این وجه را از وی طلب نمایند وگویند که ما نوکران شاهزادهٔ عالمیان فریدون

حسین میرزا ایم آن دو شخص نواحی ال در آن قریه تاخته خواجه میرک را پیدا ساختند

و آغاز خشونت کرده آن وجه را طلب داشتند جناب سیادت مآب از مشاهدهٔ این صورت

در بحر حیرت افتاده گفت مرا بشهر برید تا این برات را راجع سازم یا بر انجام وجه

پردازم و ایشان او را بخانهٔ خود برده آن شب نگاه داشتند روز دیگر حضرت منقبت

سیادت پناهی بتضرع و نیاز هرچه تمامتر از محصلان جعلی التماس نمود که مرا بمسجد جامع برید

شاید که حضرت امیر بر حال من ترحم فرموده کسی پیش امرا و دیوانیان فرستند تا براة تمغا را

بر محلی دیگر تن دهند و این وجه را از گردن من دور اندازند ایشان این ملتمس را مبذول داشته

خواجه میرک را بمسجد آوردند و آنجناب بپابوس عالیحضرت خداوندی رسیده و آب در چشم گردانیده

معروض داشت که در چنین وقتی که افلاس در طبقهٔ اعلی است مبلغ پنجهزار دینار کپکی باسم

بنده رقم کرده اند اگر عنایت فرموده نوعی سازند که این براة راجع شود امیدوارم که

در قیامت اجداد بزرگوار من منت نهند مرا بسم عذرخواهی تقدیم رسانند آنحضرت جواب

دادند که راجع ساختن این براة خالی از اشکال نیست مع ذلک ما یقدر امکان سعی نمائیم

مشروط بآنکه دیگر الاغ نگاه نداری و مارا در وقت سواری مصدع نشوی جواب داد که
قبول کردم آنگاه فرمودند که آن وجه معلوم را مولانا وحید ایلچی امروز بود و چهار تنکه
بوی شمرد خدمت مولوی متعجب گشته گفت بایستی که وجه انعام صد تنکه بودی
اما چه سبب شش تنکه کم است یکی از حضار جواب داد که اسب شمار زیاده ازین
نخریدند سلام ... در سنه اربع و تسعمایه که این بانی مبانی خیرات در تجدید و تزیین
عمارت مسجد جامع هراة حفظه الله تعالی بیامن البرکات سعی وافی و اهتمام تمام داشتند
کتابت کتابه آن مقام شریف را بعهده جناب سیادت مآب سید روح الله الملقب
بخواجه میرک نقاش کردند والحق جناب درین باب طریق بی پروایی مسلوک داشته
دیرتر دست بقلم و کاغذ میبرد چنانچه کاشی تراشان معطل میشدند چون این معنی
از حد اعتدال درگذشت و بنصیحت و خشونت فایده مترتب نگشت امیر
صافی ضمیر تدبیری غریب اندیشیده در روزی که خواجه میرک بسبزوار که داخل
بلوکات هراة است رفته بود و بفراغت اشتغال داشت خواجه جلال الدین محمد را فرمودند
تا براتی بمبلغ پنجهزار دینار کپکی از بابت مترد علوفه جناب سیادت مآب که از
دیوان اعلی میگرفت نوشت و آن کاغذ را بدست دو نفر از ملازمان که رسید مشار الیه

ایلغار

یکی از آن میان جواب داد که یکی از خوبیهای شهر ما اینست که در یک روز هوای چهار فصل میگذرد
ظاهر میشود عالیحضرت خداوندی بر زبان آوردند که آری درین بلده روزی برابر سالی
سحاب نوبتی این فارس میدان سخاوت مولانا شهاب مدوح را که بابیات عرب ترتیب
و تکلم عجیب از سایر ستم ظریفان قدیم ممتاز و مستثنی است منظور نظر مرحمت گردانیده
اسبی با زین و لجام انعام فرمودند و خدمت مولوی بواسطه وقوع این التفات خود را
از جمله مخصوصان آنحضرت دانسته ابرام و ملازمت را از حد اعتدال در گذرانید چنانچه
هرگاه که سوار شده بطرفی می رفتند در خدمت بود و چون فرود می آمدند از در خانه
هیچ لحظه غیبت نمینمودند لاجرم آن منبع لطف و کرم از وی بیک تنگ آمدند
اما بسبب خلق عظیم نمی خواستند که خاطرش را رنجانیده بصریح او را از ملازمت مانع
آیند بنا بران یکی از ملازمان را فرمود که بطریق ایلچیان سر راه بروی گرفت و اولاغش
را ستانده فی الحال بیازار برد و فروخت خدمت مولوی بتصور آنکه آن شخص حقیقة
ایلچی است بمذلت هر چه تمامتر یکدو فرسنگ راه پیاده قطع کرد و چون اثری از اسب
نیافت در فرزین بند آن حادثه و منصوبه آن واقعه متحیر گشته بملازمت امیر کم همت
شتافت و کیفیت سرگردانی خود باز گفت آن حضرت فرمود که ما بهای اسب ترا میدهیم

با وجود جودت طبع و حدت ذهن بنظم اشعار کم می پرداخت و همگی اوقات بمالایعنی

مصروف میسازی جواب داد که درین اوان بیشتر از پیشتر بشعر گفتن مشغولی میکنم چنانچه

دوش از ان مقدار فرصت که یک شمع دواجکی سوخته دویست بیت گفته ام آنحضرت

فرمودند که برین تقدیر از ان منظومات صد بیت یک انچه باشد اولی

مولانا علیشاه بوکه در فن ادوار و موسیقی یگانه دوران است روزی بعرض عالیحضرت خداوندی

قدس سره رسانید که امید بکمال عاطفت و مرحمت شما آنست که حکم فرمایید تا مباشر

ان اوقاف وظیفه شش ماهه مرا بیکبار تسلیم کنند تا هر ماه مصدع ملازمان نشوم

جواب دادند که مولانا ما را معلوم نیست که شش روز دیگر از عمر باقی مانده یا نی چه

سبب این مقدار بر حیات مستعار اعتماد کرده وظیفه شش ماهه آینده را طلب میدارید

جناب مولوی گفت که شما فرمان دهید تا ان وجه را بمن رسانند که بر تقدیر مردن

جهت تجهیز و تکفین من بیکار خواهد آید آنحضرت فرمودند که مرده بلای زنده بلاکه میگویند

عبارت از شمامت نقطه دهنه در محلی که خطه استراباد از یمن نصفت و داد این امیر

نیکونهاد معمور و آباد بود روزی سواد خطه بنوعی تغیر یافت آنحضرت روی بعضی از

اعیان آن ولایت که در ملازمتش بودند آورده فرمود که امروز هوا عجب تغیر یافته است

لطیفه
نوبتی اعلیحضرت خداوندی قدس سره همراهی امیر نظام الدین شیخ احمد سهیلی در مصاحبت
امیر حاجی بسیری رفته بودند چون در موضعی فرود آمدند بواسطه کثرت حرارت
هوا یکی از چهرکان امیر احمد حاجی محمد نام که بصفای طلعت و اعتدال قامت آراسته
بود و جامه سبز در بر داشت امیر شاه عالیه را سایه کرد امیر نظام الدین شیخم را
چون نسبت بآن جوان تعلق و دلبستگی تمام بود داشته گفت که عجب چیزیست
جاه و اعتبار دنیا که بسبب آن چنین ماه جبینی ایستاده این شخص را سایه میکند آنحضرت
در جوابش این را که بیت را خواندند که نظم هر که در سایه آن سرو سهی قد باشد
جانش زیر علم سبز محمد باشد. لطیفه وقتی این امیر عالیمقام بعضی از یکی از
مشایخ جام سؤال نمودند که ارتفاع ایوان مزار شیخ الاسلام ژنده پیل احمد جام
قدس الله سره العزیز چند زرع است جواب داد که چهل و شش آنحضرت فی الحال
این مصرع را خواندند که مصرع طاق باشد در جهان طاقی که از مو بسته‌اند
پوشیده نماند که لفظ مو بحساب جمل چهل و شش است مطایبه روزی این امیر
صافی ضمیر زبان بجسته بیان بنصیحت خواجه آصفی که بفصاحت و ظرافت
سرآمد شعراء ظرفاء زمان گشته بود. دران اثنا فرمودند که مرا از تو عجب می‌آید که

بترکت خواجه حسین کیرنکی بمنصب عالی صدارت سرافراز ساختند که خدمت
امیر هدایت منقبت آمده معروض داشت که با وجود اسم سیادت و کبر سن و انتساب
بملازمت شما که مرا حاصل است خواجه حسین میخواهد که بر من تقدیم نماید اما امیدوارم که
بواسطه توجه خاطر اشرف بدین مقصود فایز گردد آنحضرت را درین محل از گدایی
و سوال جناب سیادت مآب که در ایام شباب بوقوع می انجامیده یاد آمده این بیت را
بروی خواندند که بیت در مقامی که صدارت بگدایان بخشند چشم دارم که بجاه
از همه افزون باشی لطیفه در زمان سلطنت میرزا ابراهیم ولد میرزا علاء الدوله که
جوانی ملیح سبزرنگ بود عالیحضرت خداوندی قدس سره با جمعی از اهل طبع در موضعی
نشسته بودند که ناگاه شاهزاده مشار الیه پیدا گشت و امیر سلطان محمود قلقایی که بحسن رخسار
و لطف دیدار یوسف وقت خویش بود و همراه ملازمتش می آمد غرض آنکه
دران محل یکی از آن خوش طبعان این مطلع را نسبت بشاهزاده خواند که بیت
آن سیه چرده که شیرینی عالم با اوست لب میگون رخ خندان دل خرم با اوست آنحضرت
امیر سلطان محمود را منظور داشته علی العفو بیت دوم این غزل را بر زبان گذرانیدند که
بیت گرچه شیرین دهنان پادشهانند ولیک او سلیمان زمانست که خاتم با اوست

را بزبان لطافت بیان راندند که بیت مرد شتابان به وزن بادرنگ آرد نخیزد
چو بجنبد دو سنگ لطیفه در وقتی که میرزا ابراهیم ترکمان در حسن و جمال یگانهٔ دوران
بود عالیحضرت خداوندی قدس سره با او التفات و عنایت داشت بسمع شریف
آنحضرت رسید که شاهزاده در مصاحبت بعضی از اوباش ایام بشرب مدام اشتغال
می نماید لاجرم روزی زبان بنصیحتش کشادند و میرزا ابراهیم از غایت خجالت
سر در پیش انداخته سنگ ریزه از زمین بر می کند و بهر جانب می انداخت اتفاقا
سنگ ریزه بر شیشهٔ کلال که در پیش امیر عالیجناب بود خورده شیشه شکست آنحضرت فی
الحال بر زبان راندند که بیت با همه سنگدلان بادهٔ گلرنگ زنند جرم ما چیست که
بر شیشهٔ ما سنگ زنند لطیفه چون عمارت حوض ماهیان بسعی توجه خاطر امیر
بلند مکان زیب اتمام و زینت اختتام یافت درویشی تعیین فرمودند که گاهی
مجاور باشد دران اثنا یکی از ملازمان از آنحضرت سوال کرد که وظیفهٔ مجاور حوض ما
هیان را سال بسال یا در سالی یا ماه بماه امیر عالیجاه جواب داد که ع
مقرر سازم اورا ماهیانه مصرع میر سر برهنه که بطلاوت گفتار و محاسن کردار از امثال
و اقران امتیاز تمام داشت در محفلی که ملازمان سلطان صاحبقران اورا

آنحضرت فی الحال این آیت بروی خواندند که اذا جاء اجلهم لا یستأخرون ساعة
ولا یستقدمون مطایبه روزی این امیر عالیجاه را دخواه می پرسیدند عورتی از
سید میران که در سلک عمله دیوان منتظم بود شکایت نمود بموجب فرموده
آنحضرت شاه الیه را حاضر کردند و در پهلوی آن ضعیفه نشاندند و چون سید میران
منزلی امرا و ارکان دولت بود وآن عورت شکلی کریه داشت یکی از امرا بر سبیل مطایبه
گفت عجب اگر این زن معشوقه سید میران نباشد عالیحضرت خداوندی از این
سخن متبسم گشتند سید میران چون از انبساط یافت جهت ابراء ذمه
خود سخنان بر زبان آورد از الجمله گفت که امیر ساربان علی از معامله صاحب
وقوف آنحضرت این بیت را خواندند که بیت میان عاشق و معشوق رمزیست
کسی داند که اشتر میچراند مطایبه نوبتی عجوزه از آشنایان امیر عالیشان جهت
دعوی آسیائی بر دیوان آمده تردد و اضطراب مینمود آنحضرت اورا نصیحت
فرموده گفتند مناسب آنست که در امثال این قضایا شوهر تو تردد نماید آن جواب
داد که چون معاش ما از حاصل این آسیا میگذرد من و شوهر باتفاق تردد میکنیم
آنحضرت باز فرمودند که از عورات تردد کردن مناسب نیست بعد از آن امیر بیت

وآن عزیز بدین واسطه از ملازمت امیر صافی عقیدت بغایت مجتنب و محترز می بود
قضا را روزی آنحضرت بخانهٔ امیر سید ابراهیم می رفته او را آنجا دیده و سید ابراهیم
در حضور امیر مؤید منصور بر سبیل روی تابان شخص آورده فرمود که مناسب آنست که
باصلاح اعتقاد خویش کوشش نماید و بر مذهب اهل شیعه و جماعت راسخ گردید تا همه
کس بنسبت بشما در طریق محبت و مودت سلوک نماید آنعزیز جواب داد که مرا
غیر مذهب شما ملتی نیست و اعتقاد من با عقیدهٔ شما موافق است آنحضرت بعد از
استماع این سخن علی الفور این آیت را خواندند که ما کان ابراهیم یهودیا
ولا نصرانیا ولکن کان حنیفا مسلما لطیفه نوبتی صندوق ساعتی از فرنگ بهرات
آوردند و مولانا حاجی محمد نقاش را که در سلک ملازمان آستان امیر عالی مکان انتظام
داشت داعیه شد که مثل آن صندوق مرتب گرداند لاجرم حسب امداد وجها
وی تعیین فرمودند روزی در اثنای کار چنانچه عادت اهل بازار است که بر نقصانی که
ایشان را واقع میشود می خواهند که قصور آنرا در اجرهٔ خویش راست کنند در حضور
امیر عالی گهر گفت که در ایامی که بعد از کار ساختن صندوق ساعت مشغول
هستم بمن نقصان فراوان رسید از جمله دختر من برحمت حق واصل گردید

وزرا شکایت کرد که آب مرا بتغلب گرفته اند و من آمده ام تا این قضیه را بعرض میرزا
رسانم و بیاولان مرا نمی گذارند که پیش روم و حال آنکه پریشانی احوال من بمرتبه ایست که
هر روز در وقت شیلان از هر کس مقداری نان بگدائی میستانم تا بآن میگذرانم آنحضرت این بیت
بر خواندند که بیت گدائی که نان از در شاه جست ✱ بباید ز آب خودش دست شست
لطیفه جوانی خیاط که در حسن و جمال بی مانند بود یار نام داشت نوبتی در سمرقند جهت
این امیر سعادتمند در حضور ملازمانش جامه برید در آن اثنا از ایشان التماس نمود که معمائی
بمن یاد دهید آنحضرت این معما را که باسم یار گفته شده بر خواندند بیت
قبا بر قد تو میدوزد ایام ✱ برآر از قاف تا قاف ای پسر نام لطیفه چون ناصافی که شخصی
ظالم نفس بود و چندگاه بدرجهٔ بلند وزارت حضرت اعلی صعود نمود دستار بزرگ بر سر
می بست با آنکه چون طریقهٔ ناپسندیدهٔ او بر ضمیر آفتاب اشراق صاحبقران آفاق روشن
گشت بروی غضب نمودند فرمودند تا دستار از سرش برداشتند حضرت امیر بی
در آن محل روی بحضرت و باستقبال آورده این مصرع بر زبان آوردند که ع
چو بار سر سبک گردید سبک کن بار گردن هم لطیفه وقتی یکی از مشاهیر انام را که
بسوء مذهب و فساد اعتقاد متهم و منسوب بود جهت تحقیق این امر بپایهٔ سریر اعلی آوردند

وآن عزیز

مزاح کن و شیرین سخن باشند و منافق ترش روی و تلخ گوی و از کلمات گوهربار امیر المؤمنین
علی است علیه السلام که هیچ پاک نیت اگرچه چندان مزاح کند که از حد بدخوئی و دایره ترشی
روی بیرون آید بنابر آن کاملان اکابر دین و سالکان طریق یقین زبان بمطایبه میگشادند
و در لطایف در سلک بیان میکشیده بلکه از حضرت رسالت سخنان مزاح آمیز بسیار منقول است
و بر السنه و افواه خلایق مذکور فی الواقع چه بسته آینه دل تیره گردانند و بجز صیقل کلمات
هزل انگیز چیزی آنرا روشن نسازند چنانچه حضرت مخدومی حقایق پناهی این معنی را نظم
فرموده اند که قطعه گر متقی مزاح کند عیب او مکن فعلیت آن بقاعده عقل و دین مباح
دل آینه است و کلفت چه زنگ آینه آن زنگ را چه امکان صیقل بجز مزاح غرض از
تمهید این مقدمه آنکه عالیحضرت خداوندی مقرب الحضرت السلطانی قدس سره گاهی زبان
حلاوت نشان بمطایبه و مزاح میگشادند و در محل مناسب کلمات لطافت آیات در سلک
بیان میکشیدند و چون آن سخنان بر کمال حدت ذهن لطیف و طبع شریف آنحضرت دلالت
میکند بتحریر بعضی از آنها جرات نموده میشود و من الله الاعانه و المدد لطیفه
در زمان سلطان سعید روزی این امیر صاحب تائید با پهلوان محمد ابو سعید در باغ سفید سیر
مینمودند درین اثنا شخصی یوسف نام از آشنایان پهلوان محمد دوچار خورده از بعضی

در زحمت نیفتند و این معنی اختلال در قواعد قصر سلطنت نشود و از جمله آنچه مسوّد اوراق

بران وقوف دارد آنست که در اوایل سنه ست و تسعمایه هجری که سلطان صاحب قران در

ولایت مازندران تشریف داشتند حکم همایون باسم جناب حکومت پناه امیر مبارز الدین

محمد ولی بیک سلّمه الله وابقاه آمد که مبلغ صد هزار دینار کبکی از اهالی بلده و ملوکات هراة

بحصول رساند که اخراجات ضروریه واقع است آنجناب از آنجمله مبلغ پنجاه هزار دینار را از بعضی مزارعان

ملوکات و متمولان بوصول رسانیده داعیه کرد که بقیه را برسم سرشمار یا بر دو شمار از ساکنان

درون بلده هراة بستاند اما بنابر آنکه در هیچ امری بی استصواب این امیر کامیاب دخل نمیفرمودند

یکی از نواب آنحضرت را طلبیده این خیال را اعلام فرمود جواب داد که من مناسب دولت

صاحب قران عالی منزلت نمی دانم که درین محل این زر ناوجه بر رعیت تحمیل کرده شود الحاله

مبلغ مذکور را از خاصه خویش سرانجام نمودند و خلق به نهایت زبان بدعا و ثنای آنحضرت

گشودند مثنوی بحر و کانی ببخشش تو بیست · بلکه بردی ز بحر و کان هم دست

کان ز دست تو شد بسنگ نهان · وز کفت بحر کف بروی زنان مقصد

دهم در بیان لطایف و مطایبات طوطی شکرین زبان انامل و بلبل خوش

الحان انا افصح علیه لطایف الصلوات و شرایف التحیات چنین بیان میفرماید که مؤمن

مؤمن

مرعوب پیشکش حضرت اعلی و مخدوم زادگان و حجله‌نشینان تتق عصمت نموده اند که
از محاسب و هم از تعداد آن بعجز و قصور اعتراف مینمایند هر بار که صاحب قران عالیمقدار از
سفری اختیار میفرمودند این امیر سخاوت شعار مبلغ بسیار بصورت نیاز نثار آنحضرت
و شاهزادگان بزرگوار مینمودند و همچنین امرا و وزرا و صدور و ایلچیان بل جمیع ملازمان
موکب همایون را از مائده انعام و احسان خویش محظوظ و بهره ور میساختند و در وقت
مراجعت آنحضرت از یورش هم بدینمنوال شرط نیاز و پرسش بجای می آوردند و الحق
در یکنوبت که صاحب قران عالی منزلت از سفر بلخ بازگشته متوجه قندهار بودند پیشکش
کردند بر اینجمله است نقود (بیست و پنج تومان) ابریشم (هزار من) غله (هزار خروار) و هم درین نوبت قرب صد هزار
دینار دیگر پیشکش حرمها و مخدوم زادگان و هدیه امرا و ارکان دولت نمودند و ایضا
هرگاه که صاحب قران دوست نواز بخانه این امیر بحر موهبت تشریف می آوردند
از نقود نامعدود و دواب گردون توان و اجناس نفیسه و تبرکات شریفه آنمقدار نثار
مینمودند که شرح آن در حیز بیان نیاید و بسیار همچنین واقع شده که دیوانیان حضرت
سلطان صاحب قران میخواسته اند که بنا بر بعضی از اخراجات ضروریه مبلغی خطیر بر رعایا
تحمیل کنند و این امیر دریا دل آن وجه را از خاصه خویش ادا فرموده اند تا رعیت

امید انکه ملازمان شما شفقت نموده رقعه بآن شخص نویسند تا از سر آن بیع درگذرد
و خریدن سرا را بمن گذارد و امیر دریا دل بی آزار انکه این سخن را جوابی گویند با تمام
شطرنجی که در میان داشتند پرداختند و ازین جهت جناب مشار الیه پریشان ضمیر
گشته گمان بردند که این التماس بر خاطر آنحضرت گران آمد بالجمله چون شطرنج
تمام شد آن منبع جود و کرم جناب نقابت مآب را مخاطب ساخته فرمودند که آیا
اگر یکی از فقیران سرایی که بوسعت ساحت و کثرت عمارت و لطافت هوا
و عذوبت ما اتصاف داشته باشد و ایضا بمدرسه نزدیک بود بپیش شما گذرانند سبب
تر باشد یا آنکه سعی نماید تا همان سرا بدست شما در آید جناب سیادت انتساب
از شنیدن این سخن اظهار فرح و استبشار نموده امیدوار شدند لاجرم آن امیر
عالیجاه سرای مولانا محمد معین را که تعلق بدیوان آنحضرت گرفته بود و الحق جایی
دلگشای فرح افزاییست بدان جناب انعام فرموده ایشان را مقضی المرام باز
گردانیدند بیت نسیم گل چو بخلق تو نسبتی دارد بصد زبان بستاید هزار
دستانش و همچنین آن امیر حشمت آیین ریاض غم زدا و منازل فرح افزا لا تعد
و لا تحصی بسادات و علما و فضلا انعام فرموده اند و چندان مزارع خوب و قنوات

آن مرجع و ملاذ اکابر آفاق افتاده سبب توقف خواجه زاده را در حلب شرح
داد آنحضرت فرمودند که این محقر وجه کرای آن نمی کند که توجهت سرانجام آن
نماورا النهر روی و مخدوم زاده خود را انعقاد انتظار دهی آنگاه مبلغ مذکور را
از خاصه خویش تسلیم معتمدی نموده بحلب فرستادند تا آن بزرگ زاده از قید
رهائی یافته بوطن مألوف شتافت مثنوی بگوییم که اخلاق این ناموره
روشت از ادراک نوع بشر دور ز جود و سخایش بیان قاصر است. تعجب مکن زین خدا
نادر است. حکایت روزی این امیر ستوده مآثر جهت تشحیذ خاطر با مولانا
فصیح الدین صاحب بلعب شطرنج اشتغال داشتند که ناگاه جناب نقابت پناه
امیر برهان الدین عطاء الله بمجلس در آمدند آنحضرت مراسم تعظیم و تبجیل بجای
آورده بزبان تلطف و دلجوئی پرسیدند که از کجا تشریف می آرید و چه مهم دارید
جناب نقابت مآب جواب دادند که مدت مدید و عهد بعید است که طالب آنم که
در نواحی مدرسه اخلاصیه سرای خریده ساکن شوم تا هر روز از شهر بدینجا آمد شد
نباید کرد و اکنون مثل آن جای یافته ام و بمبلغ سه هزار دینار کپکی میخرم اما
علاداری پیدا شده چیزی برین مبلغ می افزاید و بایع میخواهد که آن منزل را بوی بفروشد

ذخیره بنهیم و هرگاه میسر شود عوض بوکلاء الجناب دهیم شاهزاده کریم الاخلاق
جواب داد که در غلات جناب امیر پیکس برات نمیتوانند مگر نسبت تا بدان رسد که چه
چیزی از آن تصرف نمایند چون این خبر بسمع امیر عالی گهر رسید مخدوم زاده را دعا
چند گفته به مقدار غله که در سبزوار داشتند پیشکش آنحضرت کردند و درین باب رقعه
بیکی از نواب خویش نوشته در آن کلمات این سخن را مذکور ساختند که والله که بجای گندمی
مروارید بودی از ایشان دریغ نمیداشتم و همه را ایثار کرده بحکم مهر و محبت در زمین دل
مخدوم زاده خود میکاشتم ع چنین کنند بزرگان چو کرد باید کار حکایت
نوبتی یکی از اولاد قدوه ارباب تیقظ و انتباه خواجه ناصر الدین عبید الله قدس
سره بحج رفته بود و در مکه مبارکه از تاجری که خیال سفر ماوراء النهر داشت مبلغ یازده
هزار دینار کبکی قرض فرمود حین مراجعت در بلده حلب با بزرگان عزیمت
ماوراء النهر فسخ نموده خواجه زاده را نیز از توجه مانع آمد که وجه مرا تسلیم میباید
کرد بعد از آن روی بولایت خویش آورد خواجه زاده بالضروره در آن مملکت
ساکن شده یکی از مردم خود را بجانب سمرقند فرستاد تا آن مبلغ را سرانجام نموده
بحلب رساند چون این قاصد ببلده فاخره هراة رسید حسب الاتفاق بمجلس شریف

آن مرحوم

مقرب الحضرت السلطانی جهت مانجز و زبدة الاحرار خواجه غیاث الدین محمد

ده وار که در سلک خدام امیر کردون غلام انتظام داشت و در ان مجلس حاضر بود

و مخدوم

چون این سخن را شنود بعرض رسانید که نیابت و تقرب من نزد ولی نعمت

آنمقدار هست که هر نوع تصرف که خواهم در اموال آنحضرت توانم کرد اکنون از قبل ایشان

این قریه را پیشکش شاهزاده عالیان نمودم سلطان بدیع الزمان میرزا را مبتهج و

مسرور گشته بر سبیل مطایبه خواجه مشار الیه را آوردند و چون این جنس تشریف امیر

علیکه بود رسید خواجه غیاث الدین را تحسین بسیار فرموده بواسطه این نیکو خدمتی

جهت او خلعت خاص و مبلغ هزار کپکی بهای اسب باستراباد فرستادند منسوب

دید دریا بخشش همت او و زد کف خجلت بروی از دست او هر که بکفش گوهر در

دعوی بی هیچ زانکه نبود در کفش جز باد هیچ حکایت در شهور سنه خمس

و تسعمایه که شاهزاده سعادت انتما محمد محسن میرزا جهت بعضی از مصالح مملکت

میخواست که در قلعه سبزوار مقدار غله ذخیره نهد در ان ولایت غله نایاب بود

زمره از امرا و نواب بعرض رسانیدند که غلات جناب مقرب الحضرت السلطانی

درین شهر بسیار است امید آنکه حکم عالی صادر گردد تا ازانها بقدر حاجت قرض کرده

فی الحال یکی از آنها را بکشت و بپخت و پیش من آورد مرا قطعهٔ از وی خوش آمد بخوردم
و گفتم والله این بسی نیکو بود آن میزبان بیرون رفت و یکیک از گوسفندان را میکشت
و آن موضع را می پخت و پیش من می آورد و من ازین حالت با وقوف نه بیرون
آمدم که سوار شوم بر در خانه چون بسیار مشاهده نمودم پرسیدم که این چیست
گفتند همه گوسفندان خود را بکشت او را برین حرکت ملامت کردم گفت سبحان الله
ترا چیزی خوش آید که من مالک آن باشم و در آن بخیلی کنم این زشت سیرتی باشد
پس حاتم را پرسیدند که تو در مقابلهٔ آن چه دادی گفت سیصد شتر سرخ موی و پانصد
گوسفند پس گفتند تو کریمتر باشی گفت هیهات وی هر چه داشت داد و من از آنکه داشتم
از بسیاری اندکی بیش ندادم نظم چون گدای که نیم نان دارد بتمامی دهد ز خانهٔ خویش
بیشتر زان بود که شاه جهان بدهد نیمی از خزانهٔ خویش حکایت در محلی که از قبل
صاحبقران مظفر لوا ایالت ولایت استراباد تعلق بسلطان بدیع الزمان میرزا
میداشت روزی آن شاهزادهٔ سعادت انتما در اثنای سیر بیکی از قری خیرآباد نام که
داخل متملکات امیر حمیده صفات بود رسیدند و اطوار ساکنان آنجا را پسندیده
بر سبیل تمنا بر زبان راندند که یارب تواند بود که کسی واسطه شده این قریه را از جناب

مرز الطرق

تا غایت درین مقام منزل گزیده سوال میکنم و هنوز هیچکس فلوسی بمن نداده است
آنحضرت فرمودند که من دران زمان یک تنکه همراه داشتم و غیر از ان از
اموال دنیوی دست رس هیچ نداشتم با خود گفتم که مناسب آنست که توکل بر او
بدیگار جزو وکل کرده این تنکه را باین درویش دهی تا امروز جهت عیال
واطفال خویش قوتی بدست آرد که ترا حق سبحانه وتعالی فردا از ممر
روزی خواهد رسانید الگاه آن تنکه را بوی داده درگذشتم و تا نماز شام
در خیابان سیر کرده چون باز گشتم مشاهده نمودم که همان درویش در همان مکان نشسته
و همان سخنان را بر زبان آورده سوال میکند از کمال دروغ گویی و کثرت
حرص او در امر گدائی در تعجب افتادم اما او را از وقوف بر معنی آگاهی ندادم
پوشیده نماند که از فحوای این حکایت نهایت جود و سخاوت این امیر عالی منزلت
مفهوم میشود زیرا که دران زمان هر چه داشته بان گدا داده نابوده انگاشتند
شاهد این دعوی و موید این معنی آنکه حضرت مخدومی حقایق پناهی نور الله
مرقده در بهارستان آورده اند که از حاتم پرسیدند که هرگز از خود کریمتری
دیدی گفت بلی روزی در خانه جوانی فرود آمدم و او را ده سر گوسفند بود

علما و فضلا را حضرت و نضارت می‌بخشید و رشحات سحاب افضال و اکرامش
همواره کشت زار آمانی مشایخ و سادات را سرسبز و شاداب میکردانید قطعه
کفش که منبع جود است ازان کفش خوانند که بر سر آمده سخت بجا خفر کشت
خیال دستش بکذشت در دل غنچه دقیقهای ضمیرش ازان قبل زر کشت
غربا و مسافران از اطراف و اقطار جهان بآستان هدایت آشیانش آمده
از مائده بر و احسانش بفاضلتر نصیبی محظوظ و بهره ور میشدند و فقرا و مستمندان
از اقصی بلاد ایران و توران بدرگاه خلایق پناهش التجی آورده از خوان
ایثار و احسانش بکاملتر مستفید و روزی خور میکشتند مثنوی هیچ سائل کو نشد دل
و نجشم لا در ابروی او ندیده بچشم تا نیاید ز سائلان تشویر همچنین از شاید
کفتی کیر حکایت روزی بنا بر تقریبی این امیر بلند مکان بر زبان کوهر
افشان کذرانیدند که من در زمان سلطان سعید میرزا سلطان ابو سعید روز
جمعه بعد از ادا صلوة در مسجد جامع درون بلده هراة بخیال سر خیابان
روان شدم چون قریب بکوچه مونج رسیدم دیدم که کدای بسر دو پای نشسته
میکوید که مردی عیال مندم و چند فرزند کرسنه و برهنه دارم و از صباح

تا غایت

عالم و جاهل امی و فاضل مدبر و مقبل این شیمهٔ رضیه محبوب و مرغوب نماید و قلم
معجز طراز اصحاب نظم و خامهٔ سحرپرداز ارباب نثر بطون دفاتر و متون صحایف
را بتعریف این خصلت گزیده آراید عیوب اهل عالم بسبب ایثار و کرم از چشم
مردم محجوب شود و هنرهای بنی آدم بجهت بخل و سمت کم و بیش مردم چشم معیوب گردد
رباعی پوشندهٔ عیب خلق عالم جود است ، جود است که نزد همه کس محمود است ، در ذات
کسی که صد هنر موجود است ، گر جود ندارد به یقین مردود است ، حضرت مخدومی حقایق پناهی
قدس سره در بهارستان مرقوم کلک درر افشان گردانیده اند که جود بخشیدن چیز
بایستنی بی ملاحظهٔ غرضی و مطالبهٔ عوضی و اگر چه آن غرض یا عوض ثنای جمیل یا ثواب
جزیل باشد قطعه کیست کریم آنکه نه بهر غرضست ، سرگرمی کار یداز و در وجود ،
هرچه بود بهر ثنا و ثواب ، بیع و شری گیر نه احسان وجود ولله الحمد والمنة که حال خجسته
مآل امیر پسندیده خصال بدینسان جریان داشت و احسان بی پایانش نه از بهر اشتهار
بود در عالم کون و مکان و نه از برای ثواب بسیار در جهان جاودان بلکه دنیا
و ما فیها در نظر همتش برابر کاه برگی وزن نداشت و با وجود وجود و سخای
نهایت هرگز بمقداری جوی منت بر کسی نگذاشت نظام انعامش پیوسته ریاض آمال

را طلب داریم واین قضیه را مرافعه کنیم ظاهر آنچه گفته است بیرون می آید وانتخن
راست بجه شدن بغایت دور از کارست بن بنا برانکه آنحضرت در ایام دولت
سلطان سعید میرزا سلطان ابو سعید روزی چند در مصاحبت امیر سلطان حسن
ارسکنی بسر برده بودند فرموده اند که من که سابقا نوکر امیر سلطان حسن بودم حالا
با وجود حصول منصب ارجمند امارت و وصول بدرجه بلند نیابت بمجان از ملازمت
ایشان عار ندارم بلکه اگر میسر شود بیشتر از پیشتر شرط خدمت بجای آورده خود را
از جمله غلامان ایشان میشمارم حضار مجلس که این سخنان را شنودند از کمال تواضع
و تخلق آنحضرت تعجب نمودند و امیر سلطان حسن که در آن انجمن بود محجوب گشته
جناب مولوی منفعل شد و از سر آن دعوی بی معنی درگذشت بیت چون خاک باش
در همه احوال بردبار تا چون سوات بر همه کس فائق رسد چون آب نفع خویش
بهر کس می رسان تا همچو آتش از جهان بر تری رسد مقصد نهم در شرف
جود و سخاوت بر طبق کلمه صحیحه السخی لا یدخل النار وان کان فاسقا والبخیل
لا یدخل الجنة وان کان عابدا بهترین مکارم اخلاق و خوشترین محاسن آداب
شیوه ستوده کرم و جود است ع که زیر سایه جود است هر چه موجود است نزد عاقل و غافل

عالم

مسعود مهر زنند اشارت نمودند که نشان را با میر سید حسن دهید تا حضرت ایشان مهر کنند
امیر سید حسن اظهار تملق کرده باز نشان را نزد امیر خسرو فرستاد و آنحضرت کاغذ
را ستانده از غایت کبر نفس بر جای مهر زدند که ممکن نبود که از آن پایان تر کسی مهر
تواند زد امیر سید حسن از مشاهده این حالت منفعل گشته سائر خصال از کمال تواضع
آن مرکز دایره امارت در بحر حیرت افتادند و زبان بترنم مضمون این مقال کشادند

بیت هزار نقش برآرد زمانه و نبود یکی چنانکه در آئینه تصور ماست

حکایت

روزی این امیر عالیجاه در حضور جمعی کثیر از امرای درگاه دادخواه می پرسیدند که ناگاه
مولانا قطب الدین خوافی که بمنصب عالی صدارت سرافراز بود آمده با اضطراب
هر چه تمامتر در میان دادخواهان نشست که گفت بفریادم برسید عالی حضرت
خداوندی شرط تلطف و تفقد بجای آورده در تسکین غضب جناب مولوی کوشیدند
و او را بپهلوی خود نشانده سبب تظلم را پرسیدند جواب داد که خواجه حسین کریکی
بمن اهانت بی نهایت رسانیده گفت که تو سابقا در سلک نوکران مولانا محمد معمائی
انتظام داشتی آنحضرت از استماع این کلمات متعجب گشته خنده زنان بزبان خجسته بیان
راندند که این سخن موجب این همه اضطراب میشود زیرا که اگر خواجه مشارالیه

رسوم بابیان همیشه امرا متقدم می‌نشینیم و مقرر است که هرگاه امر امارت را
قبول نمایم بنا بر مراعات طریقهٔ توره زمرهٔ امرا از برلاس بر من تقدیم خواهند نمود
پس من تقدیر این منصب دون مرتبهٔ من باشد امید آنکه کرم فرموده مرا از مهر زدن
معاف دارید تا فارغ البال بشرایط خدمت و ملازمت قیام نمایم صاحبقران
دوست نواز جواب دادند که محال است که من قامت قابلیت شما را بخلعت امارت
آراسته نگردانم و آنچه میگوئید که پس از قبول آن منصب امرا برلاس متقدم خواهند نشست
غیر واقع است زیرا که من حکم میکنم بجز سلطان بدیع الزمان میرزا هیچکس از
امرا بر شما تقدیم ننماید لیکن امیر مظفر برلاس با شما دم از دوستی و موافقت
میزند اگر خواهید او را رخصت فرمائید تا بر شما مقدم مهر زند و الا فلا
القصه چون عالیحضرت خداوندی موجب الحضرت السلطانی التماس آن
بانی مبانی جهانبانی را قبول فرمودند مقرر شد که آنحضرت و امیر سید حسن
اردشیر یک روز جبه و کلاه نوروزی پوشیده مهر زنند و همه کس را در خیال
چنان بود که بموجب حکم همایون امیر صاحب تدبیر بر همه امرا مقدم مهر خواهد
زد اما چون در آن روز علی الرسم نشان پیش آنحضرت آوردند تا در ساعت

در مبادی اوان دولت و اقبال هر مقدار که رایت حشمت و اعتبار این امیر
هدایت شعار رحمت ارتفاع گرفت تواضع و تلطفش زیاده بر آن صفت
از دیاد پذیرفت و هرچند که نهال شوکت و اختیار این سعادتمند دولت
آثار بلندتر شد در کسر نفس و فنا بیشتر از پیشتر کوشیده دم از فروتنی و نیستی زد هر
گاه که از صاحب قران جم جاه نسبت بکمال خویش عنایت و عاطفت بیش از
پیش مشاهده می‌نمود بخلوت رفته و سر برهنه کرده مقداری خاک بر فرق خجسته
می‌پاشید و نفس نفیس را مخاطب ساخته میگفت که جاه و حشمت و بنا و اعتبار این هستی
زنهار که حصول این مرتبه را موجب عجب و تکبر نسازی و خود را خاک راه دانسته
مهما امکن در انجام مهام فقرا و مساکین پردازی در پاسخ آنی که پناه اهل ارادت
گردند و بیچاره نواز و چاره ساز گردند و همیدار سری بخاکساران زنهار
شکرانه آنکه سرفرازت کردند. حکایت در ابتدای طلوع تباشیر صبح سلطنت که
سلطان صاحب قران امیر خسرو نشان را بمهر زدن در دیوان امارت تکلیف
فرمودند آنحضرت بنابر عدم میلان خاطر انور بتعلیق آن منصب بشرف عرض
رسانیدند که حالا که من در سلک نواب والجکیان شما انتظام دادم بی رعایت

ویده و زانوی ادب دربیش او نشست انگاه زبان معجز بیان کشاده او را
بقبول ملت بیضا دعوت فرمود و ولد حاتم دانست که این مقدار تواضع وتخلق
از کسی که بخلعت رسالت مشرف نباشد نمی آید بنا بر آن فی الحال در سلک
اهل اسلام انتظام یافت سبحان الله بعد از انکه مخاطب بخطاب لولاک ومعزز
باعزاز انا ارسلناک بدین شیوه ستوده باین مرتبه می پرداخت و برطبق حدیث
انما انا بشر مثلکم پیوسته خود را با مساکین وفقراء مسلمین برابر میساخت آیا
دیگران بچه سند باین سنت سنیه پردازند وخصلت ناپسندیده کبر و نخوت را
شعار و دثار خود سازند مصرع در بهاران کی شود سرسبز سنگ
خاک شو تا گل بروید رنگ رنگ ، سالها تو سنگ بودی دلخراش
آزمون را یکزمانی خاک باش ، لله الحمد والمنة که امیر صافی ضمیر صاحب حیثیت
صائب تدبیر مظهر کمالات نفسانی مقرب حضرت سلطانی بقدر طاقت وتوان
درین صفت حمیده وسیرت گزیده مبالغه می نمودند وبحسب وسع وامکان
از شیمه نامرضیه عجب وانانیت احتراز واجتناب مینمودند تواضع دأب
ذات شریف او بود وتلطف رسم مزاج لطیف او از اوائل ایام جاه وجلال

ومبادی

نظم منم که بر لب شیرین حیات جان دارم ٭ هزار عاشق سرگشته در جهان
دارم ٭ درین اثنا یکی از حاضران خاک پاک را مخاطب ساخته پرسید که تو درین
باب هیچ نمی‌فرمائی و در طلب گوهر مقصود مانند دیگران سعی نمی‌نمائی خاک بزبان
حال جواب داد که با وجود ابنای زمان که هر یک شمهٔ از مناقب و مفاخر خویش
بیان کردند ع من خود چه کسم زمن که گوید ٭ شیوهٔ من فنا و نیستی است
و شیمهٔ من تواضع و پستی بدین جهت خود را لایق این منصب ارجمند و
مناسب صعود برین درجهٔ بلند نمی‌دانم غرض ازین اطناب آنکه چون خاک
دم از نیستی و پستی زد بحکم حدیثی که در صدر مقصد نوشته شد حضرت خالق البرایا
از میان عناصر او را منظور نظر اعتنا ساخته جهت تخمیر طینت آدم علیه السلام
گزید و باعزاز خمرت طینة آدم بیدی اربعین صباحا معزز گردانید
بیت خاک شو خاک تا بروید گل ٭ که بجز خاک نیست مظهر گل
حکایت متون کتب سیر مشحونست باین خبر که عدی بن حاتم جهت
ملاقات حضرت خاتم صلی الله علیه وسلم بمدینه مکرمه آمد آنحضرت او را
بحجرهٔ خاص در آورده تعظیم تمام بر مسند لازم الاحترام خویش نشاندند

ونفخت فیه من روحی تامل شانی نمای دیگر ازین دعوی بی معنی دم نزنی
واگر بفحوای ونفخ فی الصور ایمان آری شاید که از باد بی نیازی ایمن گردی
باد هنوز زبان در کام خاموشی نکشیده بود که خبر وصول آب عذوبت
مآب بسمع آتش رسید آتش از ضدیتی که با وی داشت علم توجه بجانب دیگر بر
افراشت وآب جوشان و خروشان درابگیری نزول نموده بر زبان لطافت
بیانش چنین یافت که درین آوان چنین شنیدم که هریک از آتش و باد را
این اندیشه در لوح ضمیر نقش پذیر گشته که خلعت خلیفه حضرت احدیت از میان
وجود دیگر دهبیات سیات هرهوس سودائی را چه زهره که خود را گرم کرده
این خیال پزد و هر خام طمع هرجائی را چه یارا که سبکی نموده هوای این سودا
بدماغ آرد ع زهی تصور باطل زهی خیال محال شایسته منصب خلافت
کسی است که بر طبق آیت وانزل من السماء ماء فانبتنا به حدایق ذات بهجة اجناس
اشجار وانواع ریاحین وازهار از برکت وجود فائض الجودش خضرت و نضارت
گرفته بلکه بمقتضای کلمه خجسته ع ومن الماء کل شیء حی سبب حیات عالم و عالمیان
وموجب بقاء نبات نباتات واصناف حیوان ذات افاضت صفات او گشته

نظم

با فلک همرازم و با ملک هم آواز اشتعال حرارت غریزی که مادهٔ حیات است اثری
از آثار سن است و حدیث بشر المحرور بطول العمر ... تا نظر بذات بزرگوار من
آهن سنگدل در کورهٔ مجاهده از حسینم آب و طلای تمام عیار در بوتهٔ ریاضت
از مهابتم یاقوت مذاب حضار مجلس از شنیدن امثال این کلمات آب تشوق
بملاقات خلیفه و اسب العطیات از دیدهٔ امید روان کرده باتفاق گفتند
که سزاوار این منصب عالی بغیر گوهر شریف ذات دیگری نیست و با وجود او
هر که از ابنای زمان این اندیشه بخاطر آرد مهوس باد پیما باشد و چون شمیم این
خبر بمشام باد رسید از حدیث باد انگیز آتش در استر از آمده خود را بدان
انجمن رسانید و آتش را می طب ساخته گفت درین اوقات چنین شنیدم که خبط
دماغ و یبوست مزاج بر تو غلبه کرده میخواهی که نوبادهٔ ریاض خلافت آلی که ارادهٔ
ازلی تبکون آن متعلق گشته تو باشی و ندانسته که حبیب سمت سمت که بر طبیعت
تو غالب است قابلیت این امر ندارد مزاج هر که باعتدال نزدیکتر بمنصب ایالت خلافت
سزاوارتر اعتدال روح حیوانی بلکه بقا آن از نفس مسیح خاصیت من است بیت
ز اعتدال هوا حکم جانور گیرد ◦ اگر نوک قلم صورتی کنند نگاره اگر مضمون

پیوسته سنت سنیه تواضع و فروتنی را شعار خویش سازند تا بعنایت بیغایت الهی
اختصاص یافته رایت رفعت مشتری با اوج سپهر نیلوفری برفرازند و بر طبق کلمهٔ کریمه
لا یدخل الجنة من کان فی قلبه مثقال ذرة من کبر انسب بحال سالکان مسالک
اسلام و الیق بطور عارفان معارف ملت خیر الانام چنانست که همواره از
سیرت سنیه عجب و تکبر اجتناب و احتراز نمایند تا از نار جحیم و عذاب الیم خلاص
گشته بهدایت دلیل و یهدی من یشاء الی صراط مستقیم بجنات النعیم در آیند قطعه
از کبر مدار هیچ در سر هوسی کز کبر بجایی نرسیدست کسی چون زلف بتان شکستگی
عادت کن تا صید کنی هزار دل در نفسی حکایت بسیاری از فضلاء دانشوران
فضیلت گستر مرقوم قلم بیان گردانیده اند که چون طنطنهٔ کوس ظهور خلیفه اعظم
یعنی آدم بگوش هوش منتسبان عالم سفلی رسید بعضی از عناصر که بصفت عجب و تکبر
اتصاف داشتند با خود مجمجمه کردند که خمیر مایهٔ آدم طینت و هیولی آن صورت
ایشان خواهند بود و بیان این سخن آنست که از استماع آیه انی جاعل فی الارض
خلیفه حرارتی در مزاج عنصر نار پیدا شده بخار پندار بکاخ دماغ او تصاعد نمود
و آتش تمنا در کانون ضمیرش مشتعل گشته زبانهٔ بلاف و گزاف بر گشود که منم که

با ملک

بعد از ادای صلوة عصر بخلاف معهود بپرسش مردمی که بجماعت حاضر نشده بودند
قیام ننموده و بر سبیل سرعت بجانب خانه خویش توجه فرمودند ولی از آنکه
در موضعی توقف نمایند مراجعت کردند این حرکت موجب تعجب بعضی از
ملازمان که در خدمتش بودند شد و آنحضرت این صورت را در نهایت
بر زبان گوهرافشان گذرانیدند که من در وقت توجه بمسجد در فلان موضع وضو
ساخته بودم و چون در صف جماعت ایستادم موری دیدم که بر کتف من
چسپیده دانستم که در محل وضو ساختن خود را متعلق بمن گردانیده و متوهم
شدم که مبادا از کتف من افتاده آزاری بوی رسد و راه خانه خویش را نیابد
و این سبب وبال من گردد بنابراین بعد از اتمام نماز بطریق تعجیل بموضع وضو
ساختن رفته او را بر در منزلش گذاشتم و خاطر از دغدغهٔ این مظلمه فارغ
ساختم خدام آنحضرت بعد از استماع این حکایت از نهایت مرحمتش در بحر
حیرت افتادند و زبان بدعا و ثنا گشادند مقصد هشتم
در فضیلت تواضع بمقتضای روایت صحیحه ان التواضع لایزید العبد الا رفعة فتوا
ضعوا یرفعکم الله احسن اعمال اهل عالم و این افعال اولاد آدم است که

ووددانک را پیش تکلیف توجه بدان طرف نمایند قطعه ای خوش نفس
آن دانا که پیش شاه دم گاه قهر از نکته خوش میزند نکته چون آب می آرد
لطیف شاه را ای برآتش میزند حکایت در زمستانی که صاحب قران
باستحقاق در بلده مرو قشلاق فرمودند و آن ملاذ الکابر و آفاق اقبال آستان ملازم
بارگاه سپهر اشتباه بودند فاخته چند نوبت بخرگاه آنحضرت درآمد و بنا بر آنکه
کسی متعرض او نشد هم آنجا آشیانه ساخته بیضه نهاد و چون خسرو سیارگان از زمستان
خانه حوت بمنزل عز و شرف خویش خرامید و سلطان صاحب قران متوجه
دار السلطنه هراة گردید آن فاخته هنوز بیضای خود را نشکسته بود لاجرم شفقت
ذاتی و مرحمت جبلی آنحضرت خداوندی اقتضاء آن فرمود که آن خرگاه را بمکان
بگذارند تا آن فاخته بچگان را برون آورده بزرگ گرداند بنابرین خواجه حسن
بختیار را فرمودند که محافظت آن خرگاه نماید و هرگاهی که فاخته بچگان را
برنده سازد از جهت حق السعی خویش بردارد و خواجه مشار الیه این معنی را
قبول نموده مراقب احوال آنجا نودی بود تا آن زمان که اولادامی را کلان
کرده آن منزل را باز پرداخت حکایت نوبتی این امیر هدایت منقبت

بهواداری

معمور کرده امید بعواطف خسروانه آنکه از سر این معنی درگذرید زیرا که هرگاه که
اراده ازلی بتعمیر خوارزم تعلق پذیرد بی آنکه کسی را تکلیف جلای وطن نمایند
معمور خواهد شد سلطان صاحب قران در کرت اول این سخنان را بسمع رضا
اصغا نفرمود بلکه ده بار این امیر شفقت شعار درین باب مبالغه و الحاح نمود
و فایده بران مترتب نگشت اما اکنون نوبت دیگر جرأت کرده معروض داشت که
چون حکم همایون بر نهجی نفاذ یافته که من هر معنی را که بی موقع واقع گردد تا نه
نوبت اختیار گفتن داشته باشم قصه کوچانیدن مردم را که خوارزم نه بار عرض کردم
بجایی نرسید بلکه از آن نیز تجاوز کرده ده نوبت جهت دفع این صورت
مصدع گشتم و بمقتضای مدعای خود جواب نیافتم اکنون یکبار التماس خویش را
مکرر میکنم و امید قبول میدارم شهریار عدالت شعار جواب داد که من میدانم
که شما را از برای صلاح دولت روزافزون درین باب اینقدر مبالغه می نمایید
اما بنا بر آنکه من از پیش از طلوع تباشیر صبح سلطنت نذر کرده بودم که در آبادانی
آن دیار شرط سعی و اجتهاد بجای آورم خود را بالکل از آن معنی نمیتوانم گذرانید اکنون
بنا بر استصواب شما حکم فرمودم که از آن سه هزار [illegible] خانه دار مزاحم جبار ذاتک نشوند

فی الحال هر دو را بقتل رسانیدند و سرها را بفرستید امیر علی سیرت از مشاهده این
صورت متغیر گشته میرزا بیک را گفتند که من کشته در فلان محل از حبف گاه دیده ام
امید آنکه یک دو شکه طلا داده همراه او را بیاورد و یک تن از اسیران بکذارد
میرزا بیک بموجب فرموده عمل نموده آنحضرت یک شخص را خلاص ساختند
و متفکر بودند که آیا دیگری را چه تدبیر فلاص دهند که ناگاه تواچی رسید که یک اسیر را پیش
مکشید که یک سرکوفته است لاجرم سری را که از معرکه آورده بودند تسلیم نموده
هر دو شخص را رها کردند حکایت نوبتی خیال آبادانی و معموری ولایت
خوارزم در خاطر همایون سلطان صاحب قران افتاده فرمان لازم الاذعان
صادر شد که از ساکنان خراسان سه هزار خانه دار را بخوارزم فرستند تا آنجا
متوطن گشته در امر عمارت و زراعت سعی و اهتمام نمایند چون پرتو شعور مؤید امیر
منصور برین حالت افتاد بر حال مردم ترحم فرموده بموقف عرض رسانیدند که
اگرچه غرض حضرت اعلی ازین حکم آبادانی دیار اسلام و ترفیه احوال فرق
انام است اما بالفعل بسبب جلا از وطن مالوف و مسکن معهود و تفرقه بسیار
بمسلمانان می رسد و معلوم نیست که بمجرد توطن انجا عمارت آن ولایت

مقرر

فرموده بسمع جناب امارت مآب رسانیدند که مناسب آنست که این دو شخص را
زنده نزد سلطان احمد میرزا فرستید تا بواسطه کیفیت حالات میرزا سلطان
حسین را از ایشان معلوم کنند و بمقتضای رأی خود در بارهٔ ایشان حکم فرماید
امیر احمد حاجی را این سخن مستحسن افتاد و آنحضرت را دعای خیر گفته اسیران را
پیش پادشاه خویش فرستاد سلطان احمد میرزا بعد از آنکه احوال سلطان صاحب
قران را از ایشان معلوم کرد ایشان را حبس نمود و پس از انقضای چندگاه یکی از آن
دو عزیز خلاص گشته بملازمت امیر صائب تدبیر شتافت و غاشیه خدمتش بر
دوش گرفته مدة الحیوة بدعای ثنای ذاتش اشتغال مینمود حکایت
نوبتی جمعی از امرای سلطان سعید در نواحی ججهه فوجی از لشکریان سلطان صاحب قران
را بعد از محاربه اسیر ساخته بریکدیگر قسمت نمودند که بکشند و سرهای ایشان را
نزد پادشاه خویش فرستند و عالیحضرت خداوندی مقرب الحضرة السلطانی
بمصاحبت میرزا بیک ولد امیر سلطان حسین ارلات در آن اردو بودند بالجمله اسیران
اسیران دو نفر با میر سلطان حسن رسیده در محلی که امیر مشار الیه حاضر نبود و آنحضرت
با میرزا بیک در وثاق نشسته بودند تواجی آن دو کس را آورده گفت که

که جاندست در گوشم از نکته دانان ده که هر کس کشد تیغ نامهربانی هشود کشته تیغ
نامهربانان و چون فروغ این معانی نزد آن مظهر مراحم رحمانی مقرب حضرت
سلطنت کالشمس فی رابعة النهار ظاهر و آشکار بود پیوسته شیمه شفقت و مرحمت را
شعار خویش کرده بودند و همواره جناح رافت و عاطفت بر مفارق اهل عالم
گسترده جراحت دل درماندگان از شربت شفقت تسکین می گرفت و جراحت
سینه ستم دیدگان از مرهم مرحمتش اندمال می پذیرفت جهت تحقیق این
دعوی و ثبوت این مدعا قلم خجسته رقم بتحریر حکایتی چند اقدام می نماید وصحایف
این اوراق را بذکر مآثر ستوده آن مرجع اعاظم و اکابر آفاق می آراید و من
الله الاعانة والتایید حکایت در زمان سلطان سعید میرزا سلطان ابو
سعید که لشکریان سلطان صاحبقران گاهی بمقتضای وقت و زمان بر اطراف
و الایات خراسان تاخت می آوردند نوبتی دو تن از ایشان بدست امیر احمد حاجی
افتادند و او بی تامل حکم کرد که سر دو را کشته سرها را پیش والی سمرقند سلطان احمد
میرزا برند عالیحضرت خداوندی مقرب الحضرت السلطانی در آن وقت در اردوی
امیر حاجی احمد بودند و چون ازین حکم واقف گشتند رجال آن دو اسیر ترحم

آسوده

آورند الحمد لله علی ترادف الآیه و تواتر نعمائه مقصد هفتم

در بیان رافت و رحمت بر صحیفهٔ خاطر عقلا روشن ضمیر بقلم تقدیر

مثبت گشته که اشرف صفات نزد حضرت احدیت صفت رحمتست و رافت

و کلمهٔ سبقت رحمتی علی غضبی بر ثبوت این مدعا دلیلی است در غایت استحکام

و متانت اگر خصلتی محبوب تر از بخشایش و مهربانی بودی حق سبحانه و تعالی

ذات مقدس خود را در صدر سور قرآنی بآن نستودی و هادی صراط مستقیم و بر

گزیدهٔ رؤف رحیم امت بلند منزلت را باظهار این سیرت مامور گردانیده

حیث قال صلی الله علیه و سلم ارحموا من فی الارض یرحمکم من فی السماء و در حدیث

دیگر سخت دلان را از دایرهٔ متابعان خویش خارج ساخته چنانچه فرموده که من

لا یرحم صغیرنا ولا یوقر کبیرنا فلیس منا پس بر ذمهٔ همه فرق انام لازم و بر

جمله خواص و عوام واجب و متحتم است که بنسبت بخاص و عام در طریق رافت

سلوک نمایند تا از رحمت خالق ارض و سما محروم نمانند و از سنت سیئه

سخت دلی اجتناب و احتراز فرمایند تا اهل علم و تقوی ایشان را از سلک امت

خاتم الانبیا خارج ندانند بیت دلا گوش کن از من این نکته خوش

بر عالم و عالمیان روشن و مبرهن خواهد بود که مدت مدید و عهد بعید است که
این هوس در سر و این اندیشه در خاطر است رسوخ دارد که عزیمت این سفر
مبارک با مضا رسد و هر بار که نیت نهضت بدان جانب قرار حوزمال یراق کرده
شد صاحب قران بی همال مانع گشته‌اند و حالا که بلطایف الحیل اجازت و فرموده
نشان همایون عنایت کرده‌اند و مبلغی کرامند جهت یراق خاصه و ملازمان
مصروف گشته است محل آن نیست که در خواهشت کسی بسمع رضا جا نیابد مع
ذلک بملاحظه حدیث ادخال السرور فی قلب المؤمن خیر من عبادة الثقلین
التماس شما را باجابت مقرون گردانیدیم و جهت مصلحت عباد این نوبت
دیگر خود را از این تمنا گذرانیدیم از استماع این سخن ممکنان را رقت بی نهایت
دست داده خرم و مسرور بمنازل خود مراجعت نمودند و بتجدید کمر اخلاص
امیر عالیشان بر میان جان بسته زبان بدعا و ثنا گشودند القصه اگرچه بنابر سبیل
که مذکور شد آنحضرت را سعادت وصول بمکه مکرمه و مدینه طیبه اتفاق نیفتاد
اما بکرات مردم معتمد و امینی را رعایتهای کلی نموده فرستادند تا از قبل ایشان حج
گذاردند و درین باب محضرها مشتمل بر اسامی اکابر و اشراف آن مقام شریف

آوردند

الکاشی و مولانا حمید الدین البناکانی و خواجه عماد الدین عبد العزیز الابهری وار
سادات و نقبا امیر قوام الدین حسین مازندرانی و امیر جلال الدین عطاالله اصیلی
و امیر نظام الدین عبد القادر و امیر شمس الدین محمد بن امیر یوسف رازی و دیگر
اشراف و اعیان و روسا و کلانتران بلده و بلوکات هراة بملازمت
آنحضرت رسیده بموقف عرض رسانیدند که سبب آرامش بلاد خراسان و موجب
آسایش طوایف انسان ذات فایضة البرکات شماست در توقف این
دیار از وجود باوجود سلطان صاحب قران خالی است اگر از حضور فایض
النور شما نیز عاطل ماند ممکن که فتنهای روی نماید که تدارک آن در حیز امکان
نیاید خصوصا که پادشاه اورنک بر ماوراء النهر استیلا یافته و داعیه عبور از
آموبه دارد اکنون چون احوال عراق و شام نیز در غایت پریشانی است
و طرق در نهایت ناامنی و بحسب شرع شریف در چنین وقتی حج واجب نیست
التماس این فقیران آنست که یکبار دیگر بر جان خراسانیان منت نهاده
امسال از سر این سفر درگذرند و ثواب این چیز را از سفر حج پیاده زیاده شمرند
اعلیحضرت خداوندی بر زبان فصاحت بیان گذرانیدند که بر ممکنان ملکه

بلبیک اللهم لبیک گشاده و متوجه گردند درین اثنا صاحب قران مظفر لوا جهت
مخالفت شاهزاده عالمیان محمد حسین میرزا بجانب استراباد نهضت فرمودند
و ملازمان امیر هدایت نشان بجد و جهد فراوان بیراق سفر حجاز مشغول نمودند
بیت چه خبر زانکه نقش بند قضا در پس پرده نقشها دارد القصه چون مهر عالم
گرد خانه عطارد را بنور حضور منور ساخت و فی الجمله اعتدالی در سوا پیدا شد
عالیحضرت خداوندی در روز چهارشنبه سلخ محرم الحرام سنه ست و تسعمایه بر مرکب
تایید سوار گشتند بدان عزیمت که در عین الحیوة نزول فرموده بعد از نماز جمعه
از انجا بصوب مشهد مقدس بلکه بجانب وادی اقدس روان شوند اما در اثنا راه
اموری که مکروه طباع سلیمه تواند بود پیش آمده بمنزل شریف مراجعت نمودند
بخیال آنکه بمقتضای حدیث بارک الله فی سبتها و خمیسها در روز پنجشنبه بیستم صفر که بحسب
قول ارباب نجوم بساعت مسعود بود آن عزیمت را بامضا رسانند اما در روز
جمعه دوم ماه مذکور بعد از ادای نماز از مشایخ و علما واصل ارشاد شیخ جلال الدین
ابوسعید پورانی و جناب شیخ الاسلامی ملاذ الانامی سیف الملة والدین احمد
التفتازانی و شیخ صوفی علی و مولانا معین الدین الفراهی و مولانا کمال الدین حسین

الکاشفی

جهانمطاع آفتاب شعاع واجب الاتباع نفذ الله تعالی فی مشارق الارض ومغاربها.
شرف نفاذ وسمت اصدار یافت که آنعالیجناب متوجه جانب حجازند هرجا از ممالک
مسالک رسند حکام واعیان واهالی ومقیمان ومستحفظان طرق شرایط احترام وتبجیل
مرعی داشته دقیقه از دقایق خدمتکاری نامسلوک نگذارند وایشان ومردم ومتعلقان
که همراه باشند همه بسلامت گذرانیده در منازل مخوفه بدرقه دهند ومقدم شریفش را عزیز ومحترم
دانسته شکر وشکایت را مؤثر شناسند سبیل برادران تاجبخش تخت نشین وفرزندان صاحب
قران نصرت قرین وامرا ملک آرای ملک تمکین ووزرا وعمال واشراف واعیان وا
وکافه سکنه مساکن وعامه متوطنه مواطن علی اختلاف طبقاتهم وتباین درجاتهم
آنکه برحسب فرمان واجب الاذعان بتقدیم رسانند واز مضمون ومدلول حکم همایون
عدول وانحراف وتجاوز وانصراف جایز ندانند وچون بتوقیع رفیع اشرف اعلی
مزین وموشح وموضح ومحلی گردد اعتماد نمایند کتب بالامر العالی اعلاه الله تعالی وخلد
نفاذه ولازال مطاعا فی خامس شهر ذی قعده الحرام سنه خمس وتسعمایه من الهجرة النبویة.
اما چون در وقت حصول این حکم آفتاب در آخر جوزا بود وبواسطه شدت حرارت
هوا سفر بغایت متعذر نمود ومقرر چنین شد که اوایل سنبله احرام حریم حرم بسته روان.

بدو طلوع بیضهٔ بیضا آثار دولت این دودمان و نشو عضون شجرهٔ خلافت این خاندان

رضیع دولت و رفیق شوکت این فرقهٔ کریمه بوده و ذات ملکی صفات ولایت سمات ایشان

با نفس نفیس همایون از کای ظاهری و باطنی داشته و وارد و صادر بسیج حال از صحبت خلد آیین

و مجلس جنت تزیینش گزیر نبوده و بنیت درین ولا که بدلالت هادی دین قویم

و هدایت دلیل و یهدی من یشاء الی صراط مستقیم سرافراز آمده خطاب بلاارتیاب

فول وجهک شطر المسجد الحرام و صدای جهان آرای جعل الله الکعبة البیت الحرام

قیاما للناس باشارت بشارت حقیق و اشارت سعادت یقینی مستمع سامعهٔ استعداد

آن فرمود که رخصت طواف آن ارض مقدس و اجازت وصول بدان وادی اقدس

که فیه آیات بینات مقام ابراهیم لعنت و صفت آنست یافته بجا آرد و فور بادراک

آن موهبت بشرائط امداد دعا، دولت و استدامت حشمت اقدام نماید اگرچه چند

نوبت این نیت پیش نهاد اعمال خجسته آمال خود ساخته همین معنی را ملتمس بوده و هر نوبت

بسببی اسباب که متضمن مصلحت خلایق که بدایع و دایع حضرت خالق اند التماس توقف

رفته بود منبد ول افتاده درین نوبت بملاحظه رعایت رضاء خاطر فیض آثارش

که همه وقت عزیز و گرامی بوده ایجاب مسئول آن عالیجناب را مرعی فرمودیم و حکم

محمد سلطان

از سر رضای خاطر همایون در گذشتند و شرف اجازت ارزانی داشته نشان راه عنایت
فرمودند برین موجب که سواد کرده میشود بالقدرة الشاملة الکبری من ولی الحسنات
والقوة الکاملة العظمی ممن یرفع البعض فوق بعض درجات ابو الغازی سلطان حسین بهادر
سیوزمیز برمرایای ضمایر عینی مداثر اولی الابصار و سویدای خواطر قدسی بسایر ارباب
حضرت واعتبار که هداة عرصه بینا ز وولاة مرصه حقیقت و مجازند مخفی و محجوب نخواهد بود که
چون قافله سالار منازل توفیق و توحید در وادی تحیر عوالم کون ومکان ابتدا اهتدای
ومن یعظم شعایر الله نماید وسابقه بادیه مراحل تحقیق و تایید اسعاد امداد تقدس
و تمجید در ظلام غمام آثار انوار فاینما تولوا فثم وجه الله بخشید گوش هوش سعادتمندی
ما صفا ندا هل من سایل هل من مستغفر مشرف شود که بتلقین ملهم دولت ابدی
والهام ملقن عنایت سرمدی از جان و جنان بجواب هدایت انتساب لبیک
اللهم لبیک رطب اللسان تواند گشت غرض از ایراد این بنیاد و مقصود از ایجاد
این ایراد آنکه عالیجناب معالی نصاب هدایت مآب موفق الخیرات مؤسس المبرات
اعتضاد الدولة الخاقانی مقرب الحضرت السلطانی رکن السلطنة القاهرة عمدة المملکة
الباهرة نظام الحق والحقیقة والدین امیر علیشیر ادام الله تعالی میامن برکاته که از

واولاد امیر سیّد غیاث الدّین محمد باغبان در ان انجمن بر پای بوده بخدمت اکابر
و بیادلی قیام می‌نمودند القصّه مجلسی منعقد شد که تا مهر سپهرپیما چابن بی سر و پا را
سایرست مرکز پرتو بجانب مجمع نینداخته و تا فلک قدیمی بنا از ثوابت و سیّار
بصد هزار چشم بر عالم و عالمیان ناظرست بچشم او چنین محفلی در نیامده منظم
چه جشنی بزمگاه خسروانه هزارش ناز و نعمت درمیانه متهیا کردند خوانهای ملوّن
بنعمتهای گوناگون مزیّن و بعد از کشیدن طعام و قرآت کلام ملک علّام آن مرجع
ملاذ انام از مشایخ عظام التماس فاتحه نموده استمداد همّت فرمودند و در ان
سال اکثر اوقات در کازرگاه بسر برده در جانب شرق آستانه علیّه انصاریّه
خانقاه بنا کردند بقدر امکان در رواج رونق مهام ان مزار بزرگوار افزودند
امّا با وجود وقوع این حالات مطلقاً هوای توجّه بحریم حرم و خیال طواف روضه
حضرت خاتم صلّی الله علیه و سلّم از فضای دل و سویدای خاطر این امیر
فرخنده مآثر کم نشد و در سنه خمس و تسعمایه چند نوبت بواسطه و بی واسطه
از صاحب قران عالی منزلت رخصت طلبیدند و آنحضرت هر بار سر رضا جنبانیدند
امّا باز پشیمان گشته بمنزل امیر صافی ضمیر تشریف آوردند و التماس توقّف کردند و بالحاح

از مرا

واشراف بلده هرات را مهمان داری نماید و از ایشان در یوزه فاتحه کنند لاجرم یراق

اسباب آن کار فرمان داد و ملازمان بترتیب دعوت بی نهایت مشغول گشته

هفتاد سر گوسفند و سیصد سر اسب و سی من قند صرف نمودند باقی اشیا را ازین قیاس

باید کرد و در روز پنجشنبه بیست و دوم شعبان سنه مذکوره از سلاطین میرزا سلطان

احمد و میرزا محمد قاسم و سید عبد الله میرزا و از مشایخ مولانا شمس الدین محمد روجی و شیخ جلال

الدین ابوسعید پورانی و خواجه ابواحمد و خواجه کلان ولد مولانا سعد الملة و الدین

الکاشغری و خواجه ضیاء الدین یوسف و مولانا حمید الدین شادکانی و از سادات و

نقبا امیر جمال الدین عطاء الله اصیلی و امیر نظام الدین عبد القادر و امیر ابراهیم

مشعشع و امیر برهان الدین عطاء الله و امیر ابراهیم مشهدی و امیر صدر الدین

یونس و از قضاة و علما قاضی قطب الدین احمد امامی و مولانا نظام الدین عبد الحق

و مولانا کمال الدین مسعود شروانی و مولانا کریم الدین دشت بیاضی و خواجه احمد

و خواجه عبد الرحمن اولاد خواجه کلان قاضی و غیرهم از اکابر و اعیان که تفصیل اسامی

ایشان موجب تطویل میشود در آستانه مذکوره جمع شدند و امرای صف آرای مثل

امیر کمال الدین شاه حسین و امیر جنید ساربان و امیر محمد کوکلتاش و امیر حاجی میر

بقیه زندگانی را جاروب کشی آستانه علیه انصاریه صرف نمایم و از امر ملازمت
مطلقا معاف باشم زیرا که ضعف پیری و شیخوخیت در بنیه من اثر کرده و قوت فوت شده
بدن ضعیف گشته است نظم رسمست که مالکان تحریر آزاد کنند بنده پیر
حضرت صاحب قرانی ع از غایت لطف و مهربانی این ملتمس را بحسن قبول تلقی نموده
بر زبان گوهر افشان گذرانیدند که مادام که شما در خراسان متوطن باشید هر التماس که
فرمائید بعز اجابت مقرون است چه بیقین میدانم که اگر این ملک از وجود شریف
شما خالی باشد احوال فرق انام از خواص و عوام باختلال انجامد انگاه قامت قابلیت
امیر صافی طویت را بپوستین کیش ابره زربفت که تکمهای طلا مزین و محلی بود
و دیگر جامهای گران بها که مناسب منصب مذکور بود بیاراستند و رخصت مراجعت
بدار السلطنه هراة ارزانی داشت و آن حضرت در اواسط شعبان سال مذکور نوبت
دیگر آن بلده فاخره را از فر طلعت خجسته پرتو گردانیدند اهالی آن از مشایخ
و سادات و علما تا سوقیه و رعایا بدین حیثیت بغایت مبتهج و مسرور گشتند
و بسجدات شکر و ایفا نذور قیام و اقدام نمودند درین اثنا خاطر عاطر امیر هدایت
انتما مائل بآن شد که در آستانه علیه انصاریه جشنی عظیم ترتیب فرموده اکابر

و اشراف

اما چون در نواحی سرخس نزول فرمودند موکب همایون نیز از آنجانب رسیده بعز

ملازمت صاحبقران عالی منزلت فایز گشتند ولی شائبهٔ تکلف این پادشاه

کامکار بواسطهٔ دریافت ملاقات امیر هدایت شعار آن مقدار بهجت و سرور

اظهار نمودند که اگر از هزار یکی و از بسیار اندکی شرح پذیر گردد شاید که بر لاف و گزاف

محمول شود و امیر عالیمقام سه روز در اردوی کیهان پوی توقف کرده در آن ایام

تبرکات پادشاهانه و تنسوقات خسروانه از اسبان راهوار و شتران باربردار و اجناس

با قیمتش و نقود نامعدود پیشکش خسرو جمشید وش و شاهزادگان بلندمرتبت و دودمانی

بوستان سراپردهٔ عصمت فرمودند و عطایای آمال امرا و وزرا و صدور و اجلبیان بل

اکثر ملازمان آستان سلطنت آشیان را از موائد انعام و احسان خویش گرانبار

ساختند و بعرض حضرت اعلی رسانیدند که شما نوبتی بر زبان الهام بیان می گذرانیدند

که هرگاه مرا از شغل خطیر جهانداری ملالت دست دهد بجاروبی مزار فایض الانوار

زبدة الاولیا شیخ نجم الدین کبری یا جاروب کشی آستانهٔ علیهٔ مقرب حضرت باری خواجه

عبدالله انصاری قدس سرهما قیام خواهم نمود اکنون شما را این معنی میسر میگردد و مرا

بطوع و رغبت اجازت سفر حجاز نمیدهند رخصت فرمایند تا بوکالت نفس نفیس همایون

و در روایت آنست که اگر محاربت طریق چنداں باشد که بی موجبی کسی دست در میان
کسی تواند زد رفتن واجب نیست واگر درین ولا از خوف راه اندیشه
بخاطر رسد چگونه تواند بود چون خود میفرمودند که جهة ناامنی راهها چیزی فکوری
ترتیب یافته که اگر ضرورت باشد و محل خوفی رسیده شود هر یک از ملازمان چیزی
ازان همراه داشته باشند دیگر آنکه چون تمادی ایام این سفر ظاهر است و بر عمر اعتمادی نیست
اگر یکنوبت دیگر ملاقات فرموده قاعده چیزیاد بتقدیم رسد میتواند بود اما باوجود
این دو حال ازین مقدمات که نوشته شد دغدغه نیز نیست که مبادا بخاطر شریف
غباری رسد و تصور فرمایند که غرض ازین سخنان منع عزیمت ایشان است چون همیشه
هرچه ارزوی دولتخواهی بخاطر میرسیده بی تکلف گفت و شنید می بوده اند مارا نیز
لازم بود که هرچه درین ابواب بخاطر رسد اشعار میفرمایم باقی رای صواب نمای
مختار است و هرچه بصلاح دارین مقرون خواهد بود بتقدیم خواهد رسید سعادت دارین
ملازم باد والسلام و چون در ضمن این سطور این معنی در کمال ظهور بود که خاطر
اشرف اعلا بسیار بآن مایل است که نوبت دیگر بین الجانبین ملاقات دست دهد
آنحضرت آن عزیمت را در حیز تاخیر انداخته علم توجه بجانب مرو افراختند

الکتاب من المهد الی اللحد بجهة مشابه مسلوک فرموده و مینمائیم و در همه اوقات
واحوال رضاجوئی خاطر شریف آنجناب را جزء تمامی مدعیات و مطلوبات خود را
جزء دانسته انیقضی را از دلایل دولت بی‌همال شمرده و می‌شماریم والحق در مقابله آن آثار
دولتخواهی و اخلاص و خیراندیشی و اختصاص که از آنجناب بظهور رسیده و میرسد چون
از آفتاب روشنتر است تفصیل آنرا فایده نیست خود میدانند که هرگز تکلف و
مغایرتی در میان نبوده و همه وقت سخن چنان میگذشته که هرچه آن رکن السلطنه را
از قاعده نیکوخواهی و خیراندیشی بخاطر رسد تا نوبت رخصت گفتن آن
داشته باشند و ما را نیز پیوسته هرچه بخاطر رسیده از روی اشفاق ظاهر میفرموده‌ایم و
اکنون با وجود آنکه نیت مهاجرت صواب که درین وقت جزم فرموده اند
بخاطر بنوعی شاق میگذرد که مزیدی بر آن متصور نیست اما چون رضای ایشان را
بر مصالح خود تقدیم مینمائیم از رخصت و اجازتی که شده باز نمیگردیم و لیکن
آنچه بخاطر میرسد تنبیه آن نیز لازم است ظاهر خواهد بود که درین راه امنیت
لایق شرط است و معلوم دارند که درین ایام حالت عراق و بغداد که ممر عبور است
چگونه پریشان دلی استقامت است و در حد و مصر و شام نیز انواع تفرقه استماع میافتد

و مکتوبی را که صاحب قران منطغولو درین باب بامیر عالیجناب نوشته بودند نشانید

و سواد آن مکتوب این است بجناب رکن السلطنة عمدة المملکة زبدهٔ ارباب دین و

دولت قدوهٔ اصحاب ملک و ملت مؤسس الخیرات موفق المبرات اعتضاد الدولة

الخاقانی مقرب الحضرة السلطانی نظام الملة والدنیا والدین امیر علیشیر زاد الله

میامن توفیقاته وفور دعوات لطف آمیز و صنوف تسلیمات شوق انگیز ارسال داشته

آرزومندی بملاقات فایض البرکات زیاده از احاطهٔ شرح و بیان است نمودند تصور

ضمیر منیر آنکه روز جمعه یازدهم رجب مولانای اعظم مولانا عبدالحی آمده کیفیت صحت و سلامت

و رفاهیت و استقامت مزاج شریف رسانید و اطلاع بر آن موجب مسرت بی غایت

گشت قبل از رسیدن او خبر عزیمت جانب حجاز که در ضمیر منیر تصمیم یافته باشد از

السنه و افواه می رسید اما چون از ثقه استماع نمی شد موثوق به نمی گشت تا آنکه از

مضمون کتابتی که در صحبت مشار الیه بناظم اعاظم قواعد السلطنة والخلافة خواجه

افضل الدین محمد نوشته بودند چنان مستفاد گشت که درین ولا آن داعیه همت

رسوخ و تجدد یافته و خیال آن عزیمت جزم فرمودند صورت آنست که بر همگنان

بلکه بر عالم و عالمیان ظاهر خواهد بود که رابطهٔ اتصال و یکجهتی و علاقهٔ ارتباط و همنفسی با

الجناب

هوس گزاردن حج اسلام در سر و اندیشه طواف روضه خیر الانام علیه الصلوة
والسلام در خاطر بود همواره بقدر مقدور درین باب سعی مینمودند و پیوسته بزبان
حال و قال مضمون این دو بیت ادا می فرمودند نظم کی بود یا رب که رو در یثرب
و بطحی کنم • که بمکه منزل و که در مدینه جا کنم • بر کنار زمزم از دل برکشم یک زمزمه •
وز دو چشم خونفشان آن چشمه را دریا کنم • چندین نوبت جهة امضای این عزیمت
پای مبارک در رکاب آورده بدان صوب با صواب روان گشتند و هر بار
بموجب التماس صاحب قران جم اقتدار مراجعت نموده از سر حصول آن متمنا در گذشتند
و در سنه اربع و ثمانمایه که سلطان صاحب قران حسب بعضی از مصالح مملکت در ظاهر
بلده مرو خیمه اقامت برافراشته بودند سودای این سوخته اثر بر دماغ این امیر پاکیزه
گوهر غلبه کرده مولانا نظام الدین عبدالحی طبیب را جهت استجازه باردوی همایون
فرستادند و بنفس نفیس مضمون این بیت را که بیت صد هزاران جوی در پی
سودا مرا امروز شد • نیست صبرم بعد ازین کامروز را فردا کنم • بر زبان آورده
با طایفه از علما و فضلا و جمعی کثیر از ملازمان سعادت انتما بجانب مشهد مقدسه توجه
نمودند مقارن وصول الجناب بدان دیار مولانا عبدالحی از پایه سریر اعلی رسیده

وآنحضرت فرا خور حال از مایده انعام خویش ایشانرا بهره ور میساختند و ایضا بوجه
مبلغی کرامند بیکی از ملازمان معتمد خویش می سپردند تا در وقت سواری هرگاه چشم ایشان
بر محتاجی افتد رعایتش نمایند و در ماه مبارک رمضان الذی انزل فیه القرآن آن امیر
بلندمکان بقدر امکان در ازدیاد خیرات و مبرات سعی مینمودند و در شیلان دستور کل
چند سر گوسفند و مایحتاج آن می افزودند و هر شب مردم بسیار از سادات کبار
و علمای روزگار و امرای عالی تبار و صدور رفیع مقدار در حضور امیر بزرگوار افطار مینمودند
وآنحضرت بنفس نفیس ملاحظه مهمانان کرده بتقسیم طعام می پرداختند بعد از آن جود دست
بخوردنی دراز میکردند و جمعی را تعیین می نمودند که در بیرون نشسته بضیافت مردم که در
مجلس جای نیابند مشغولی نمایند و مع ذلک از پیش خود نیز جهت ایشان بخش
میفرستادند و قریب و بعید فضلا و شعرا و فقرا و ضعفا و ایتام را بانعام زر و
جامه می نواختند بلکه پیوسته خواص و عوام را از مایده بر و احسان بی پایان
خویش محظوظ و بهره ور می ساختند بیت جام جم رویدبجای لاله از هر ذره خاک
قطره بر خاک اگر ریزند از احسان او و بمقتضای آیت ولله علی الناس حج البیت
من استطاع الیه سبیلا آنحضرت را از مبادی ایام نشو و نما تا اواخر اوقات حیات

تعداد باقی مساجد اکتفا میرود مسجد سر پل الخیل مسجد تل قطبان مسجد سر کوچه الغ
اتا مسجد سر کوچه امیر اسلام برلاس مسجد چهار سوق میرزا علاء الدوله مسجدی که
در نواحی کوشک جهان نمای ساخته شده مسجد محله قلندران مسجدی که در حوالی باغ
زاغان عمارت یافته مسجد محله ترخانیان مسجد محله میر عادل مسجد جامع پل کارد
مسجد جامع پل درقرا عیدگاه زیارتگاه مسجد قریه تیزه مسجد جامع اسفزار مسجدی
در غور ساخته اند مسجد جامع قصبه کوشخ عیدگاه جام مسجد سرخس مسجد جامع کرات
ترشیز مسجد جامع استراباد دیگر در جمیع مدارس و خوانق و اربطه که بنا نهاده اند
مساجد ساخته اند یتقبل الله تعالی منه و چنانچه این مشید ارکان اسلام بقیام
صلوة اهتمام بود باداء زکوة و تصدقات نیز سعی و اجتهاد تام بود بلکه اعتقاد
راقم این کلمات آنست که هرگز انعقاد زر یکسال در خزانه آنحضرت قرار نمیگرفت
که زکوة واجب شدی زیرا که هرچه بمدت ملازمتش در می آمد هم در آن نزدیکی
در وجه انعام طوایف انام مصروف می گشت یا صرف عمارت بقاع خیر می شد
مصرع قرار در کف آزادگان نگیرد مال ** و همواره عزیزان که بشرف صحبت
این امیر بحر مکرمت مشرف میگشتند اسامی مردم مستحق را بعرض میرسانیدند

بنا را که تخمینا چهارده چوب بست دو فرش بر زبر یکدیگر انداختند و روی از آنگاه
کل اندوده بالکل خاطر از آن مهم فارغ ساختند آنگاه امیر هدایت پناه بترتیب
مایحتاج طوی دیگر بیشتر از پیشتر فرمان داد و فرمان بران بدان امر مشغولی
فرموده پنجاه سر گوسفند و نه سر اسب در آن دعوت صرف نمودند باقی اشیا را
برین قیاس باید کرد مثنوی خوش جنت یکی بزم آراسته همچو بهار درو هرچه دل خواسته
جهان تا جهان خوان و دستارخوان بیاراسته شیرها بیکران و در روز دوشنبه غره
جمادی الاول سنه ست و تسعمایه مشایخ و سادات و قضاة و علما و فضلا و امرا و وزرا
و اشراف و اعیان دار السلطنة هراة بعضی بموجب اشارت امیر هدایت منقبت
و برخی بشوق خود در آن معبد فایض البرکات مجتمع گشته مجلسی در غایت
البهجت دست بهم داد بعد از کشیدن اطعمه و اغذیهٔ فراوان و فراهم آوردن
شیره و دستارخوان نوبت دیگر دست دریا نوال امیر بلند مکان عمله عمارت
و استادان و مزدوران را بثیاب فاخره پوشانید و مراسم نوازش و عذرخواهی
بتقدیم رسانید پوشیده نماند که اگر هر یک از مساجدی که معمار همت این امیر
مکرمت ساخته است مفصلا مذکور شود این مختصر بتطویل انجامد لاجرم بتجدید

تعداد

امت حضرت رسالت بدید آمده گوش هیچ رونده مثال آن نشنیده جناب ترنعمات
زبده فضلاء زمن سید اختیار الدین حسن دام معالیه جهت تاریخ اتمام این منبر
عالی مقام این قطعه را در سلک انشا نظام و انتظام داد قطعه از همت بزرگی
شد منبری مکمل کز غایت ترفع بر عرش سر کشیده هرگز کسی ندیده منبر بنیک مرمرد
تاریخ شد همان کو هرگز کسی ندیده القصه در روز چهارشنبه چهاردهم شعبان سنه خمس و تسعمایه
که تکلف و تزئین این مسجد جنت آیین تمام شده بود آن صاحب توفیق صائب
تدبیر آشی عظیم ترتیب نمود سبت یکی جشن فرمود با زیب و سازه
که در وصف آن قصه کرده درازه و خطیب و امام و وعاظ و حفاظ و متولی
و خدام و استادان و عمله عمارات را با جمعهم هم در آن مقام طلب داشته شرط
ضیافت بتقدیم رسانیدند آنگاه قامت قابلیت آن جماعت را که قرب صد کس
بودند به پوستینهای گران بها و فرجیهای صوف اعلی و قباهای قطنی و دیگر ثیاب
فاخره مزین و آراسته گردانیدند بعد از آن جهت مزید متانت و استحکام نقوش
بام این خجسته مقام اشارت فرمودند و عمله عمارت ترتیب مصالح و استادان
بکار بردن آنها اشتغال نموده باید که فرصتی جمیع بامهای آن فرخنده

پنج سال اختتام یابد تمام کردند وجوه طاقها و رواقهایش بنقوش اسلامی و ختایی
مزین و محلی شد و صنعت صفهای پر صفایش بوفور تکلفات غریب و کثرت
اختراعات عجیب از سایر بقاع ممتاز و مستثنی گشت سقف گنبدهای بلندش
مانند صحیفه اعمال نیکوکاران صفت سفیدی و روشنی پذیرفت و ازارهای ایوانهای
ارجمندش از سنگهای سوروان رصانت و متانت لا کلام گرفت نظم
پر از نقش و نگار از فرش تا سقف ه مهندس را ز فکر و نظر وقف ه ز عالی
غرفهایش خجسته بدر دور ه مقوس طاقها چون ابروی حور ه و چون منبر قدیم که از چوب
جوز تراشیده بودند در هم شکسته بود همت عالی نهمت امیر صافی طویت
مقتضی آن شد که منبری از سنگ مرمر ترتیب یابد و معماران استان رفیع الشان
در جست و جوی دیگ و بوی افتاده در ولایت خوان سنگ مرمر یافتند
و به سعی تمام از صاحبش خریده بدین بقعه مبارک آوردند و استاد شمس الدین
سنگ تراش بساختن آن اشتغال نموده بیمن اهتمام امیر عالی گهر منبری ساخته
و پرداخته شد که تا آفتاب عالم آرا هر صباح خطیب آسا بر منبر سپهر خضرا
برمی آید شبیه و نظیر آن ندیده و تا سنت سنیه نماز جمعه و جماعات در میان

معماران حاذق و مهندسان مدقق بر بهت ساختن آن بنا بر وجهی که ازان محکمتر
نتوانند بودن اشارت فرمود در دو طرف صفه مقصوره دو ایوان عالیشان بنیاد
نهادند و بدان جهت طاق بزرگ را متانت و استحکام تمام داد و آن موسس قواعد
مبرات بواسطه کثرت اهتمام در اتمام این عمارت سرور بنفس نفیس بان مقام
شریف تشریف می آورد و در اکثر ایام دامن درمیان زده مانند سایر مزدوران
کار میکرد در هر چند روز معماران و استادان بل جمیع پیشه وران ابنای را جامهای
گرانمایه می پوشانید و بنوازش موفور و انعامات غیر محصوره خوش دل و مسرور میکردانید
لاجرم بتوفیق الهی و تائید نامتناهی پادشاهی کار مسجد چهار ساله در مدت شش
هفت ماه تمام گشت و رفعت ایوان مقصوره بمقتضای همت امیر کریم مکرمت از ابنیه
بهشت نشین هفت زرع درگذشت چون اصل کار با تمام رسید و قواعد آن بنای مانند
هرمان مستحکم گردید خیال زیب و آرایش و اندیشه تکلف و نمایش بر خاطر عاطر کس گذشت
بموجب اشارت علیه مهندسان خجسته آثار و کاشی تراشان شیرین کار و هنرمندان
نقاش و استادان سنگ تراش بجد هر چه تمامتر روی بتزیین آن مسجد فیض آیین
آوردند و در مدت یکسال کارهائی که بحسب تخمین و قیاس می بایست که در وقت

و بسبب طغیان چنگیزخان و خرابی ولایت خراسان آن منزل بلند مکان روی
بویرانی نهاد تجدید و تعمیرش بسعی و اجتهاد پادشاه نیکونهاد ملک غیاث الدین کرت
اتفاق افتاد و بعد از فوت وی ولدش ملک معز الدین حسین در زیب و زینت
مسجد افزود و در زمان حضرت خاقان سعید میرزا امیر جلال الدین فیروزشاه
مرمتی نمود و نظم هر که آمد عمارت نو ساخت رفت و منزل بدیگری پرداخت
وان دگر پخت همچنین هوسی وین عمارت بسر نبرد کسی و در ایام دولت
و اوان سلطنت سلطان صاحب قران و خاقان گیتی ستان ایوان صفه مقصوره اش
شکستی فاحش یافت و سقف گنبد معموره اش بر حد خرابی شتافت جدار بلند
مقدارش مانند راکعان پشت خم کرد و پیل پایهای عالی آثارش مثال ساجدان
روی بر زمین آورد سفیدی گچ از سقف مرفوعش مرتفع شد و خاک سیاه نمناک بر زبر
فرش میمونش مجتمع گشت چون این معانی بر ضمیر انور آن مهبط الهامات ربانی پرتو انداخت
همگی همت بر تجدید و تشیید قواعد آن عمارت مقصور ساخت و از پادشاه اسلام
اجازت طلبیده و از ارواح مقدسه مشایخ عظام استمداد کرده در شعبان سنه ثلث و تسعمایه
بباز کردن گنبد و پشت طاق مقصوره که مکسوره گشته بود امر نمود و بعد از آن باستحکام

معماران

هدایت آشیان را بأدای صلوات ترغیب نماید و اگر نامشروع از کسی ملاحظه کنند

حد شرع بروی برانند و ایضا در محاذی باغ مرغنی مسجد جامعی در کمال تکلف و زیبایی

ساخته اند والحق فضای دلگشای آن بنا از صفای باطن خجسته میامن بانی حکایت

میکند و هوای روح افزای آن مقام فیض انتما از نسیم بهشت جاودانی روایت مینماید

نظم مسجد او مجمع فیض آله زمزمهٔ خطبهٔ او تا بماه آمده در وی ز سپهر کبود

فیض بیک خواندن و آن فزوده غلغل تسبیح بگنبد درون رفته ز نه گنبد والا برون

طاق بلندش بفلک گشته جفت حامل او گشته فلک در نهفت هر که سعادت بودش رهنمای

بر در او سر نهد انگاه پای و از جمله مساجدی که این بانی مبانی خیرات تعمیر فرموده اند

یکی مسجد جامع هراة است که فی الواقع جامع فیوضات الهی و رافع کدورات نامتناهی است

و این بقعهٔ شریفه را سلطان ابو الفتح غیاث الدین محمد بن سام در اواخر ایام دولت

خویش بنا فرمود و قبل از آنکه خاطر عاطرش از اتمام این عالیمقام فارغ شود

بجوار مغفرت ایزدی انتقال نمود برادرش سلطان شهاب الدین که قایممقام بود

بتعمیر مسجد پرداخت اما برادرزاده‌اش سلطان غیاث الدین محمود پیش از آنکه بر تخت پادشاهی

نشست آن موضع متبرک را اتمام ساخت چون مدتی برین حال بگذشت

سبب تشبث بحبل متین شرع مبین صفت رفعت پذیرفته نظم

جمله عالم شدند بنده شرع بدل و دیده پرورنده شرع زود واصل شده بمقصد حق

هر که بودست ره رونده شرع با قامت صلوات پنجگانه از نتایجش جنبت ابواب اقبال

و سعادت بر روی امت بلند رتبت کشاید و لهذا آخر سخنی که بر زبان معجز بیان خاتم

الانبیا علیه من الصلوات ازکاها جریان یافت این بود که الصلوة و ما ملکت ایمانکم

و ادای زکوة سبب حصول انعام کریم متعال و موجب ازدیاد اموال گردد کما قال الله تعالی

من جاء بالحسنة فله عشر امثالها صوم رمضان واسطه اختصاص بدرگاه ملک متعال و وسیله

وصول بمواهب مهیمن منان شود کما قال سبحانه الصوم لی و انا اجزی به گذاردن حج

اسلام و طواف بیت الله الحرام مکمل دین مبین و متمم نعم رب العالمین باشد که

کما قال عز من قائل الیوم اکملت لکم دینکم و اتممت علیکم نعمتی سراج المسلمین گردانید

جد و اجتهاد این ملاذ عباد در اقامت نماز جمعه و جماعت بمرتبه بود که در درون

باغ مرغنی مسجدی در غایت زیب و زینت ساخته خواجه حافظ محمد سلطانشاه

را که زبده قراء زمان خود است بامامت آن بقعه مقرر فرموده بودند و در پنج

وقت بجماعت حاضر میشدند و ایضا محتسبی تعیین نموده بودند که ملازمان آستان

سه پلک، پل تونکی، و پل ساقسلمان، و پل چل دختران، و پل ترناب، و پل قلندران،
پل قازبانان، و پل باکیزاجه، و پل و بند خیرآباد، و پل جوزقابان، و پل نگار مرمت
پل فوشنج، و مرمت تیرپل، و پل نهرعرب، و پل حجران، و پل و بند طرق، اما تعداد
حمامات بر این جمله است: حمامی که در محاذی شفاخانه ساخته اند، حمام زیارتگاه
حمام دره زنگی، حمام تودجی، حمام چهل دختران، حمام ترناب، حمام پنج ده، حمام فیض
آباد، حمام سعدآباد، والتوفیق من الله الخالق للعباد. مقصد ششم در بیان
رعایت ارکان شریعت حضرت رسالت علیه السلام والتحیة
بر لوح خاطر اولوالابصار سمت ارتسام دارد که توسل به بارگاه احدیت و تقرب
به درگاه صمدیت بی واسطهٔ انقیاد و اذعان ارکان اسلام تمشیت نپذیرد
و تحصیل سعادات دارین و ادراک مرامات منزلین بی وسیلهٔ متابعت و مطاوعت
حضرت خیرالانام علیه الصلوة والسلام وجود نگیرد، بر بصیرت اصحاب زهد و
عبادت از اشعهٔ انوار شریعت غرا روشن است و مجلس درس و افادت ارباب علم و فضیلت
از شعشعهٔ شعار ملت بیضا مزین. نهال اقبال سلاطین به تمام از رشحات سحاب
دین فیض آیین حضرت نضارت گرفته و رایت آمانی و آمال خواقین عدیم المثال

مرغاب و رباط مروچاق و رباط پل احمد شتاق و رباط بیغو رباط زاهد و رباط خواجه دو که و
رباط چهارشنبه و رباط بابا بوری و رباط دره قورقوتش و رباط کندکی آق رباط درزو رباط ماان
رباط زدوران و
بولاغ و رباط دشت شارخت و رباط ادرسکن و رباط و مانیشیخ و رباط ابو الولید و
پریان و رباط پل غوریان و رباط پاپایک و رباط نیزپل و شترخان تیرپل و رباط صحرای
باغند و رباط جام و رباط خوکرد و برمت و رباط بکراباد و رباط سعدآباد و رباط حیره و
رباط سنگ بست و رباط مشهد مقدسه و رباط تبیره جوک و رباط ذریاد و رباط کلیدر و
رباط سکلید و رباط روینز و رباط اسفراین و رباط جاران و رباط عشق و رباط دهنه
تخت سلیمان و رباط جرمجوی و رباط آتوان و رباط سرکوچه علامت و رباط پل نگار و رباط
نهره و رباط دیه کرد اما حوضها که ساخته اند اینست که مفصل کرده میشود حوض محله پای
درخت میرانی حوض محاذی قلعه اختیار الدین و حوض محله شال بافان و حوض سور بسته و
حوض محله جبل کزان و حوض خواجه کلد و حوض محله پیر قوام و حوض محله قلندران و حوض بهلول
شغانیه و حوض سرقرار حضرت مخدومی حقایق پناهی حوض پریان و حوض مسجد خشنج و
حوض جرخه و حوض صحرای باغند و حوض شاهان کرمات حوض زنهار و حوض
زیار دکاه و حوض اندخود و حوض راه خوارزم اما مفصل پلها اینست که مرقوم میگردد

سه پلک

بینت عمارت سرمزار امیر عبدالواحد بن مسلم در حجّه باد که این است
خانقاه زیادت کاه که درانجا نیز باطعام فقرا و مساکین قیام می نمایند عمارت
سرمزار خواجه یوسف همدانی رحمة الله علیه دار الحفاظ که در مشهد مقدسه
داخل روضه رضویه علی صاحبها السلام والتحیه ساخته اند واز اسقف نقوش
اسلامی وختایی از لاجورد وطلا در غایت تکلف پرداخته اند وایضا
ایوانه در کمال رفعت ونهایت زیب وزینت در همان روضه شریفه بنا کرده اند
وعلوی خانه نیز احداث نموده اند که هر روز درانجا باطعام فقرا وضعفا وایتام
قیام نمایند خانقاه سرمزار شیخ فریدالدین عطار حالی سمت اتمام است و درسنه اثنی
وتسعمایه که بلده نیشابور از طلعت خجسته آنحضرت پرنور بود روزی بزیارت مقابر
مشایخ آن سرزمین پرداختند وچون مشاهده نمودند که اکثر آن قبور نزدیک
باند راس رسیده امر نمودند تا بدستوری که حالا متعارف است قبرهای اولیا را راست
ساختند لشکر مولانا سری در بلده هرو تعمیر یافته اما تفصیل رباطهای که باصلاح
خیرات عمارت کرده اند برینجمله است رباط سرخیابان و تغور رباط و رباط حوضک
رباط دره زنگی و رباط چهل دختران و رباط ترناب و رباط پنج ده و رباط قنتش

شریفه مشتمل است بر بیان سیر و سلوک در طریق فنا و کیفیت وصول بقرب درگاه
کبریا و ایضا این امیر کرامت منقبت در ایام حیات و حشمت جهت رفاهیت فقرا و
درویشان و فراغت غربا و مسافران خوانق و رابطه و حوضها و پلها و حمامات
در اطراف دیار خراسان بسیار ساخته اند چنانچه تعداد بعضی از آنها کرده میشود
خانقاه خلاصیه در محاذی مدرسه اخلاصیه واقع است و هر روز بیشتر از
هزار نفر ضعفا و مساکین را در آن مقام فیض انتما ضیافت کرده از طعام لذیذه سیر
میسازند و هر سال توپ دو هزار پوستین و کپنک و پیراهن و ازار و طاقیه و کفش
بمستحقان قسمت میکنند خانقاه جماعت خانه مزار عارف ربانی مولانا
شمس الدین محمد تبادکانی در خیابان هراة واقع است عمارت مزار فایض
الانوار حضرت مخدومی حقایق پناهی نور الله مرقده بصفت وسعت و رفعت و
لطافت هوا اتصاف و اتمام دارد قناتیه در جوار همین مزار واقع است عمارت
حوض ماهیان که تماشاگاه مردم خراسان و مسکن فقرا و درویشانست عمارت
مزار متبرک پیر مجرد خواجه ابو الولید احمد قدس الله سره العزیز فسحت ساحت
و تکلف بغایت موصوف و معروف است لنگر مزار شیخ محیی رحمة الله خالی از تکلف

بیت

بدار السلطنه هراة ع حرسها الله عن الحدثان مراجعت فرمود بیت

مبارک ساعتی کان مه بشهر ما کند منزل بعزم وصلش سرو از دو جانب قباپوشی بباید زد دل

غرض آنکه آنحضرت با وجود اشتغال این مشاغل هرگز ساعتی از متابعت اعمال اهل دل

غافل و از اهل نبودند و پیوسته بقدم اخلاص و اعتقاد ملازمت اصحاب ایقان و

عرفان مینمودند خصوصا ملازمت عالیجناب مخدومی حقایق پناهی نور الله

مرقده که علی الدوام نزد ایشان بتلمذ کتب درویشان و نسخ صوفیه اشتغال داشتند و

اکثر رسایلی را که آنجناب نیز درین باب تصنیف کرده اند در خدمت ایشان مطالعه نموده

دقایق آنها را بر لوح خاطر فیاض نگاشتند بلکه آن عالیجناب آن مؤلفات صنعت

آیات را باسم شریف امیر هدایت انتما تالیف نموده اند چنانچه از مطالعه دیباچه

نفحات الانس و اشعة اللمعات این معنی کالشمس فی رابعة النهار ظاهر و آشکار میشود

و آنحضرت را نیز در ذکر احوال مشایخ و صوفیه و بیان طریقه سیر و سلوک تصنیفات

بوقوع انجامیده از آنجمله یکی کتاب نسایم المحبة است که از مطالعه آن شمایم احوال

اهل عرفان و سخنان هدایت نشان ایشان بمشام جان میرسد و دیگری رساله

لسان الطیر است که در برابر منطق الطیر بزبان ترکی نظم فرموده اند و آن نسخه

نسائم ا

انصاف بر روی طوایف انسان گشاد جراحات جارحات ایام را بمراهم مراحم
مندمل گردانیده و اسقام دسر پر آلام را بشربت معدلت شفای عاجل بخشید
بیت گشاده همت او دست عدل بر عالم کشیده هیبت او پای ظلم در زنجیر
و چون مدت سال بحکم اذا حکمتم بین الناس ان تحکموا بالعدل عمل نمود مضمون
این بیت را که بیت ز منصب روی در بی منصبی نه که از سر منصبی بی منصبی به
بر ضمیر گذرانیده از منصب امارة استعفا فرمود و نظر بر آنکه سلطان صاحبقران
همواره رضای خاطر آنحضرت را برای خاطر همایون ترجیح می نهادند بدین معنی
همداستان گشتند اما در شهور سنه اثنی و تسعین و ثمانمایه زمام ایالت ولایت
مازندران را بتکلیف تمام بقبضه اقتدار امیر کامگار بازداد و آنحضرت جهت استرضای خاطر
صاحبقران عالی منزلت بدانجانب تشریف برده گلستان استرآباد را از یمن
مقدم شریفش غیرت گلستان ارم ذات العماد ساخت بیت مبارک منزلی کانخانه
را ماهی چنین باشد همایون کشوری کان عرصه را شاهی چنین باشد
و چون قریب دو سال امیر صاحب ضمیر در دار الملک قابوس شمگیر به بسط بساط
عدل و داد قیام نمود نوبت دیگر دامن همت از امر خطیر حکومت در چیده

بوار اللهم

علایق دامن درچیده اوقات فایض البرکات را بصنوف ریاضت و عبادات
گذرانیدند و چون زمام مهام جهانبانی بقبضه اقتدار سلطان صاحب قران خلد الله
تعالی ملکه و سلطانه درآمد بواسطه آنکه آبا و اجداد آن محیط انوار سیادت و ارشاد پیوسته
در سلک مقربان بدرگاه نامدار این پادشاه بادین و داد انتظام داشته‌اند آنحضرت
را منظور نظر عنایت بی نهایت ساخته بقبول مناصب عالی و دخل در امور ملکی و مالی
تکلیف کردند و امیر سیادت انتما بنابر میلان خاطر شریف بسلوک طریق فقر و فنا
هر چند از ارتکاب امثال این اشغال بیشتر استعفا نمودند سلطان صاحب قران
در مبالغه و الحاح افزودند و مضمون این دو بیت را ادا فرمودند که قطعه
برای کارساز تو موقوف کرده‌اند ترتیب کار عالم و تنفید کار ملک و فرمان
کردگار برین جمله رفته است گر زکلک بیقرار تو باشد قرار ملک مالا خسرو
این مهر سپهر جلالت برطبق آیت اطیعوا الله و اطیعوا الرسول و اولوا الامر منکم
عمل نموده و مضمون حدیث عدل ساعة خیر من عبادة ستین سنة را ملاحظه
فرموده سریر امارت و مسند حکومت را بیمن مقدم فرخنده خویش زیب و زینت
داد و ارقام جور و اعتساف را از صفحات دوران محو کرده ابواب عدل و

هوس دام غم دو بیت کفایت ما را، برگ آن نیست که بر جام سرور او زنیم صلای دم در زمره
اولیای تخت قباب داخل شدند و بمرتبهٔ فلا خوف علیهم ولا هم یحزنون واصل گشتند و الحمد
لله المتعال که حال خجسته مآل آن مهر سپهر هدایت و اقبال علی الدوام بر این منوال جریان
از مبادی سن صبی و اوایل ایام نشو و نما آستین عدم التفات بر دنیا و ما فیها فشانده
و سر گرد غبار محبت اموال فانی و گرد مودت اسباب این جهانی بر دامن همت
ننشاند همواره نفس اماره را بار تکالیف اعمال شاقه و افعال فوق الطاقه مامور
گردانیدی و عنان توسن طبیعت سرکش را بقوت بازوی ریاضت از میدان
هوا و هوس باز کشیدی کهکام ترک و تجرید ع دو جهان پیش همتش لاشی و در وقت
سیر و سلوک عرصهٔ عالم صورت و معنی ع زیر قدم مبارکش طی و قطع نظر از
تکلفات منشیانه و تصلفات مترسلانه این مرکز دایرهٔ توفیقات سبحانی
در زمان عنفوان شباب و جوانی علی الدوام طالب صحبت درویشان که آیت الذین
یذکرون الله قیاما و قعودا در شان ایشان نازل شده می بودند و بقدر مقدور بقدم
ارادت و اخلاص ملازمت این فرقهٔ عالی مکان می نمودند و چندگاه قطع رشتهٔ
علایق کرده در نواحی رباط سهیل که مقام متبرکست منزل گزیده‌اند و از اختلاط

خلایق

این خاکسار مقصد پنجم در بیان انداختن ذخایر عقبی و اعراض

از دنیا و ما فیها بر ضمایر ارباب هدایت و توفیق و خواطر اصحاب درایت

و تحقیق پنهان و پوشیده نیست که بمقتضای حدیث کنت کنزا مخفیا فاحببت ان اعرف

فخلقت الخلق لاعرف غرض از ابداع کارخانه عالم و مقصود از ایجاد طوایف بنی آدم

عرفان ذات اقدس الهی و شناخت صفات نامتناهی پادشاهی است و این معنی تیسر نه

پذیرد مگر بقطع شهوات نفسانی و ردع مشتهیات جسمانی و اعراض از اسباب دنیوی و اقبال

بموجبات سعادات اخروی بنابران سالکان مسالک طریقت پیوسته لگام ریاضت در

توسن نفس اماره کرده بر طبق ع انما الدنیا و مافیها عبث منظر مزخرفات فانی این

جهانی نفکندند بیت مبارزان طریقت که نفس کش شده بزور بازوی تقوی ملکه

وللحرب رجال یسبحون له بالعشی والاشراق یقدسون له بالغدو والاصال

بر وفق کلام خیر الانام علیه الصلوات والسلام حیث قال الدنیا حرام علی اهل الآخرة

والآخرة حرام علی اهل الدنیا وهما حرامان علی اهل الله تعالی مطلقا حور و قصور و نعیم

و تسنیم فردوس اعلی را بچشم التفات ملاحظه نکردند و مضمون این دو بیت را ورد زبان

ساختند که قطعه باغ فردوس میارای که ما رندانرا سر آن نیست که در گردن حور آویزیم

عوض آن در دنیا نرسد روز جزا از حضرت حق بگویند از بدکرداری ابنای جنس را جهاً
پیش آمد فراموش نکنند و خود را عیاذاً بالله از شراب غرور مست و بیهوش نکنند بجهت
مصلحت دنیا با یکدیگر نستیزند و چون نفس را شوقی رسد در مباهات کبر و تحمل گریزند تا مصلحت پادشاه
باشد مصلحت خود نگیرند و تا مصلحت امر الهی بود مصلحت ظاهر پادشاهی نپذیرند و بمکافات و حکمیت
بعوض رسانند و بتوفیق الهی از آن مقام گذرانند با خردان طریقه شفقت و با کهتران مدارا
و موافقت و با بزرگان تعظیم و حرمت مرعی دارند والسلام علی من اتبع الهدی و بر اذکیا
پوشیده نماند که درین زمان شریف و دوران لطیف متاع کاسد ارباب انشا
بیمن التفات امیر فضیلت انتما قیمت تمام یافته منشآت بلاغت شعار و مصنفات
فصاحت آثار بنام نامی آنحضرت از حیز قوت بفعل آمد چنانچه تعداد بعضی از آنها کرده میشود
شواهد النبوة رساله در علم موسیقی نتایج خامه لطائف نگار بدایع آثار حضرت مخدومی
حقایق پناهی نور الله مرقده اقتباسات تالیف جناب شریعت ایاب امیر اختیار الدین
حسن تربتی حالات حضرت مخدوم مشار الیه تصنیف مولانا کمال الدین عبد الواسع
روضة الصفا فی سیر الانبیا والملوک والخلفا مشتمل بر هفت مجلدات شرف جناب مخدومی
ابوی امیر خواند محمد ادخله الله تعالی فی الجنة المخلد مآثر الملوک خلاصة الاخبار مولفات

وجاهش را بقاء نیست و عمرش را وفای نه دشمنان از قبایح او در خنده اند و دوستان
از فضایح او شرمنده آشنایان از آن ناخوشیها متاثر و بیگانگان از آن دیوانه و شیدا و متعجب
و متحیر پس بنفس سلیم و عقل مستقیم باید که درین مستیها خود را بیچون نازد و بخود رایی و خود پرستی
ننیدازد و بحال در ماندگان مظلوم بپردازد و این نادان بی سامان از این حالات سر گذشته
و از هیچ یک از اینها آگاه و بهره مند نگشته این دم که بر تقصیرات خود آگاه گردیده چه فایده که
آن در قمار افلاک در نور دیده نه از آه ندامت کشیدن فایده نه از اشک حسرت افشاندن
نتیجه بیت تا توانستم ندانستم چه سود چون بدانستم توانستم نبود امیدوارم که حق سبحانه
و تعالی این دولت و جاه کرامت نموده و سعادت توفیق پادشاه عنایت فرموده التماس آنست که
خود را بغرور و غفلت نگذارند و بخبران دنیا و آخرت روا ندارند عجزه و زیر دستان را بشفقت
دلجویی بنوازند و کار خاکساران درویشان را بمرحمت و نرم گویی بسازند سخن درشت دل
نخراشند آز فریب نفس و شیطان این نشنوند و صدمات ملک الموت از خود دور نه بینند
در همه کار اخلاص و راستی پیشه کنند و در جزای عمل بد از شرمساری روز قیامت اندیشه مند باشند
هیچگاه از ترس حق غافل نشوند و هیچ وقت از بندگی و ملازمت سایه حق عاطل نگردند
سخن راست که صلاح دولت شاه و رعایا و سپاه در آن باشد نترسند و بگویند و اگر چه

و با نفس طامعه بر گرد حرص دل ببندند

خویش که هر کس نوشته اند ترسل جمع نموده اند که اگر تیر دبیر بر اوراق سپهر مدتی نگارد

اوصاف یکی از مکتوبات مکنونات آن از اگر تحریر نماید بپایان نرسد و دو رساله دیگر هم

مدان زبان یکی در بیان احوال امیر سید حسن و دیگری در ذکر اطوار پهلوان محمد ابو سعید مرتب

گردانیده اند و در اوراق اوقات حیات کتاب دیگر موسوم بمحبوب القلوب مشتمل بر اصناف

انام محتوی بر شیم خواص و عوام در سلک تحریر کشیده اند و فی الواقع زبان قلم از تعریف آن

نامه نامی عاجز است و قلم زبان از توصیف آن نسخه گرامی قاصر و کمال قوت و جودت سلیقه

آنحضرت در انشای فارسی از رقعه که در نصیحت جناب امارت پناه آصف صفات خواجه افضل

الدین محمد و جناب فضیلت شعار مکرمت دثار زبده امراء درگاه خواجه شهاب الدین عبدالله

مد ظلهما قلمی فرموده اند مستفاد میگردد و سواد هذه برادر ارجمند و فرزند دلبند را بعد از ادای تمام

مشتاقانه اعلام آنکه بشر بحب جاه و ریاست مجبول است و نفس بی اختیار و شعور بکسی

بکسب آن مطلوب مشغول و خاصیت جاه غفلت افزاییست و التفات بآن باده شاد

باده کارش هوش ربایی و خلایق را با چنین کس کار بسیار و چنین کس را با هوش بودن

بسیار دشوار اگر کامی بعد عقل خود را بکار آرد هستی آن باده کیاست نگذارد و در آن

مستیش کی بخاطر آید که فلک منتقم و عذار است و خالق فلک حاکم عادل شعار و اقتدار

جاهی را

و هر سطری که منشی ضمیر دانش پذیرش از صحیفهٔ دل بر صفحهٔ کاغذ نقل نموده کتابیست افادت

انتما نظم کتاب بینت غلط میکنم دریاییست ۵ که دست عقل از اطراف آن گوهرچین است

دقیقهای معانیش در لباس حروف چو در سیاهی شب روشنی پروین است و چون تعریف

لطافت آن در ثمین و توصیف نفاست آن کتاب افادت آیین پایهٔ بهرلب جایز و بیشتر به

هر به نوشته بینت قلم مشکین رقم به تعداد بعضی از منشآت آن منبع فضل و کرم قیام نموده

تحریری نماید که از جمله مولفات آنحضرت یکی کتاب مجالس النفایس است که بزبان ترکی مرقوم

کلک بیان گشته و این رساله شریفه مشتمل است بر بعضی از صفات و حالات بسیاری

از فضلا و شعرا که از آوان سلطنت حضرت خاقان سعید مغفور شاهرخ میرزا تا این زمان روی

زمین بفر وجود ایشان آرایش و تزیین داشته و میدارد دویم بدان زمان دو تاریخ مجمل یکی

در ذکر انبیا و مرسلین و دیگری در بیان احوال ملوک عجم تصنیف نموده اند و در آن دو نسخهٔ

گرامی حکایات غریبه و روایات عجیبه ثبت فرموده اند دیگر از مصنفات این قبیله

اصحاب معرفت و یقین کتابیست موسوم بتحفة المتحیرین که منشی دیوان افلاک از

سلک منثورات و لطافت منظومانش انگشت تعجب بدندان تحیر گرفته و این رساله منثوره است

از حالاتی که میان عالیجناب مخدومی حقایق پناهی و آنحضرت واقع بود دیگر از منشآت ترکی

استماع آن موجب بیترکی روشن ضمیر شود و تزیین حکایت بلاغاتی که از جریان آن آب
بر زبان صح
حیات در دهن گردد و بی شائبه لاف و غایله گزاف این فن شریف طراز خلعت کمالات
انسانیت و این صنعت لطیف سبب وصول معالی مراتب جاودانی کلمه ن والقلم وما یسطرون
کنایتیست از آنکه صناعت کتابت طغرا منشور عنایت الهی است و آیت علم بالقلم علم الانسان
ما لم یعلم اشارتیست بآنکه شیوه ستوده انشا توقیع مثال مکرمت نامتناهی لاجرم ستوده
افاضل دوران در تفوق بر امثال و اقران توسل بآن نموده اند و همواره منشیان فصاحت
نشان نزد سلاطین عالیشان و خواقین متعالی مکان معزز و محترم بوده اند والشکر
والمنة لله تعالی که علیحضرت هدایت انتما در ممارست این فن شریف نیز بافقی غایت کمال
رسیده بودند و باعلی مدارج رفعت ارتقا نموده از تقریر خامه دو زبانش صدف گوش
اهل خرد و هوش پر در مکنون گشته و از تحریر بنان بیانش تیر انگشت دیده حیرت بدندان فکرت برگرفته
قطعه زهی گرفته تیغ زبان جهان سخن • دو قوف یافته طبع تو بر نهان سخن • زند عطارد مسمار
خاموشی بلب • چو خامه دو زبانت کند بیان سخن • هر قطره که غواص کلک گوهربارش
از لجه کتابت رسانیده در تیت گران بها • هر گوهر مراد که در بحر خوشدلی پرورده اند جمله
در این / خاطر با حاصل صح
بجز حاصل است • همچون خیال مشعله افروز دیدهاست • همچون وصال خرمی اندوز هر دلست

شرف اتمام یافته بود و ایراد آنها درین مقصد مناسب است بر این جمله است که نوشته میشود رساله
در صنایع و بدایع شعری رساله قافیه تصنیفات عالیجناب نقابت پناه امیر برهان الدین عطاء الله
سلمه الله و ابقاه کتاب لیلی و مجنون و خسرو و شیرین نتایج قلم سحر پرداز مولانا شهاب الدین
عبد الرحمن الجامی مثنویات مولانا علاء الدین کرمانی قصیده مصنوع مولانا اهلی شیرازی
یوسف و زلیخا خواجه مسعود گلستانی سحر حلال منظوم مولانا غیاث الدین محمد مولانا جلال
رساله معمای مولانا شمس الدین محمد بدخشی رساله معمای مولانا کمال الدین میر حسین و همچنین امیر
نظام الدین شیخ احمد سهیلی و امیر کمال الدین حسین علی جلایر و مولانا نظام الدین استرآبادی
و مولانا فصیح الدین صاحب دارا و دیگر فضلا و شعرا قصاید غرا در مدح و ثنای این صاحب
دولت و هدایت انتما بسیار دارند و تفصیل آنها موجب تطویل است لاجرم سریع السیر ا[illegible]
بابت مقصد دیگر شد و هو الهادی الی سبیل الرشاد مقصد چهارم در ذکر فضیلت
انشا و بیان منزلت افاضل سخن آرا منشیان دانشور که در اکتساب فضل و هنر
بهر طریق شتافته اند گوهر انور سخن را بر دو گونه یافته اند یکی نظم و آن را دست طبع [illegible]
و دیگری نثر و آن نتایج افکار ارباب انشاست و انشا بعرف فضلا عبارتست از آراستن
گوش و گردن ابکار معانی بزیور درر الفاظ و فرائد قلائد عبارات و تهذیب کلام از کلماتی که

اگر پرسد کسی تاریخ فوتش بگویش بعد مخدومی بیکسال و در تاریخ انتقال قاضی نظام الدین
بوّأه الله تعالی فی اعلی علیین نموده اند که مولانا نظام الدین قاضی فلک چون از کین تیغ جفا رانده
زبس کو بود در امر قضا راست بجای راستانش چرخ بنشانده ز بهر فوت او تاریخ جستم فلک گفتا قضا
بی راستی مانده و در تاریخ قتل امیر محمد امین عباسی که بصفت ظلم اتصاف داشت در آوردن سر او
بدرگاه این قطعه نظم کرده اند که قطعه نهصد از هجرت گذشته آن سوی مازندران در اقتضای
چرخ بس امر غریبی رو نموده ظالمی را کشته سوی شهر آوردند سر را بچه آورده قتلش را همان تاریخ بوده
و چون نتایج طبع معجز طراز آنحضرت زیاده از آنست که این مختصر گنجایش تفصیل آن داشته باشد
خامه دو زبان عنان بیان از آن صوب گردانیده باز می نماید که بیمن توجه خاطر فیاض و حسن
اهتمام این امیر صافی ضمیر در ایام دولت صاحب قران گردون سریر پایه قدر و منزلت شعرا
و فضلا ارتفاع یافته بمنتهای مقاصد و مطالب رسیدند و مهما امکن در فصاحت و بلاغت کوشیده
در مدح و ثنای آنحضرت کتب منظوم مرتب گردانیدند بلکه حضرت صاحبقران بنام مخدومی نیز در
بسیاری از منظومات خویش این امیر نیکو اندیش را ستوده اند و بدین جهت شعر لطافت شعار
خود را زیب و زینت افزوده اند چنانچه اسامی بعضی از آن نسخ گرامی مسطور میگردد تحفة الاحرار
سبحة الابرار لیلی و مجنون یوسف زلیخا و خرد نامه اسکندری و اسامی دیگر کتب که بنام نامی آنحضرت

بود مابین فوتشان ده سال ه وین بود محض صدق و مشهوری ه گشت تاریخ فوت
آن مخدوم ه وین یکی شد عیان ز مخدومی ه و نوبتی بر باط خواجه فخر الدین بیتکچی رسید ه
این دو بیت را در تاریخ نبایش ثبت فرموده اند که قطعه بنور صفا روشنست این مقام ه
لقد صار انواره نابسره ه چو بایش فخر هست و او فاوت ه لقد کان تاریخه فاخره ه
و در تاریخ فوت امیر سید حسین فرموده اند که قطعه سر اهل فنا سید حسن رفت ه که جای او بهشت
جاودان باد ه بل ان پاک روح جستند تاریخ ز بگفتم جنت پاکش مکان باد ه و در تاریخ انتقال
قدوه ارباب تیقظ و انتباه ه خواجه ناصر الدین عبید الله این قطعه در سلک نظم کشیده اند که
خواجه خواجگان عبید الله قطعه مرشد سالکان اهل یقین ه شد بخلد برین که در فوتش ه
سال تاریخ گشت خلد برین ه و در تاریخ وفات حضرت مخدومی حقایق پناهی فرموده اند که
قطعه کو سر کان حقیقت ز در بحر معرفت کوکبی واصل شد و در دل نبودش ما سواه ه که کاشف سر آگهی
بود بیشک زان سبب گشت تاریخ وفاتش کشف اسرار آگه ه و در تاریخ فوت پهلوان محمد بو سعید
گفته اند که قطعه محمد پهلوان سعت کشور مکه ه چو در زورش نبود اقران و امثال ه سرور حلقه
اهل طریقت ه که او رفت از قید گیتی فارغ البال ه ز بعد قطب عالم عارف جام ه که مخدوم او
دوران بود ز اقبال ه پس از سالی بسوی جنت خرامید ه از این دیرینه دیر مخلف حال ه

وایضاً این معما باسم حمزه از جمله منظومات امیر خجسته صفاتست که بیت ای غنچه از گل شده
از چشم ترمن ه خشت سر خم برره میخانه بیفکن ه وایضاً این معما باسم فرخ در سلک معمیات
امیر فرخنده صفات منتظم است که بیت در خزان بین باغ رای فروسرو از جا شده
بلبلش بر بسم زده منقار و ناگویا شده ه وایضاً این معما باسم بها داخل منظومات امیر هدایت
انتماست که بیت ای فلک بیخ نهال طرب ما کندی ه برکش از صرصر بیدا دکاک افکندی
وایضاً این معما باسم حسام از جمله معمیات امیر عالیمقام است که بیت زدی در چشم ای ترک
شکاری ه خدنگ کینه ی کافتاد کاری ه ونیز دیک بصنوف معماست یا فتن الفاظ مناسب
جهت ضبط تاریخ وقایع کلیه و آنحضرت را درین باب کلمات خوب و عبارات مرغوب
بسیار بخاطر رسیده چنانچه در تاریخ وفات مولانا طوطی شاعر فرموده اند که بیت فصیح زمان
طوطی آن شاعری که بودش ز بکر معانی عروس ه چو طوطی برفت این عجب طرفه بوده
که تاریخ شد فوت او را فسوس ه و در تاریخ فوت امیر سلطان حسن ولد برادرش میرزا بایسنقر که
ترد و بواسطه شرب مدام از عالم نقل کردند این قطعه بنظم آوردند که نظم
میر سلطان حسن که یکساعت ه بندش ز اشتغال می دوری ه میرزا بیک نور دیده او
بود مست شراب انگوری ه که قضاشان رسید ز آفت می ه لیک وقت خمار و رنجوری

بود

جو نظمش را بلوح دل نگاری ده زهر بیتی ازان نامی بارای حق سبحانه و تعالی سرچشمهٔ آن
فیض را از آلایش مکاره مصون دارد و از آمیزش مکاید مامون والسلام والاکرام
و فی الواقع لطافت وقت معما درین ولا بواسطه توجه خاطر فیاض امیر سادات انتما
بمرتبه رسیده که شرحش را در قلم نتوان آورد و بدرجه ترقی نموده که ازان بالاتر تصور نتوان کرد
از شگافتن معمیاتش غنچهٔ دل چون دل غنچه از نسیم سحری شگفتن گیرد و از دریافتن دقایق
خیالاتش گلشن دماغ مانند دماغ اهل گلشن از شمیم گلها طری صفت عطریت پذیرد
و این معما باسم صفی و [illegible] بدر از باب داخل معمیات امیر کامیابست که بیت
جانفزا چون نفس عیسی گشت ٭ از صبا هرچه بران در بگذشت و ایضا این معما باسم شهریار
زاده ذهن شریف آمیز نامدارست که بیت شهریاری که دل از من شده ٭ هم
هم مه و هم یار منست ٭ و ایضا این معما باسم خان در سلک معمیات امیر بلندمکان انتظام دارد که
بیت آنکه با لعل لب جانبخش جانان منست ٭ چون نماید خال مشکین زیر لب جان منست
و ایضا این معما باسم شاپور داخل منظومات امیر مؤید منصورست گیسو ار شکستی غلطان
من شدی معلوم ٭ که برج اوج امیدم کاکل نیت کوم و ایضا این معما باسم حامد از نتایج
طبع سلیم آنحضرت است که بیت چون ببرد جام سوی دهن ٭ قطره ز لب پاک کند ماه من ٭

همواره در هوای اشعار شوق آمیز آنحضرت پر برده بجد تمام راه طلب می پویند لاجرم از حد
خطا و ختن تا نهایت روم و مغرب زمین بر السنه و افواه شاه و گدا و پیر و برنا مسلّم
کافر مقبل و مدبر نظم لطیفش مذکور است و بر الواح ضمایر و صحایف خواطر جمیع طوایف انام از
خواص و عوام شعر تر لطیفش منقوش و مسطور قطعه ذکر جمیل تست در اطراف بر و بحر
بی منت خطیب که بر چوب منبر است ه در سکه گرچه نیست ولی نقش نام تو ه بر لوح خاطر همه
چون سکه بر زر است ه دیگری از مؤلفات امیر عالی که رساله معمّاست که در فن شریف
معما بزبان فارسی انشا نموده اند در وضع و ترتیب آن نسخه گرامی اختراع نکات
مفید فرموده اند زیرا که در سر عملی از اعمال معمای و معمای که بآن تنها آورده اند تمکن فهم
آن موقوف نیست بر دانستن اعمالی که بعد از وی مذکور شده لاجرم چون این رساله بدیع
آیین را نزد حضرت مخدومی حقایق پناهی نور الله مرقده ارسال داشتند آنحضرت این
رقعه را در تعریفش بر لوح بیان نگاشته‌اند که بیت رسول دوست بدستم یکی رساله سپرد
رساله که ز دل رنج دیر ساله ببرد الحق نه رساله نورسیده که سالی دور گردد تا بیک وقت
دور افتادگان ارز و مند آوردن بلکه خلعتی از جامه خانه غیب واصل شد تا بالای مقدمان
اهل دل زیبنده که هر سطری ز نثرش چون لآلی برین ه مثنوی عارف با جمیع کلی از وی

در نظمش

مصنفات این برگزیده واهب العطیات رساله میزان الاوزانست که بزبان
ترکی در فن عروض نوشته اند والحق کثرت مهارت آنحضرت در دقایق شعر ازان
رساله فهم میشود زیراکه چندین بحر مطبوع که پرتو شعور شعراء ماتقدم بران نیفتاده اضافه
دوایر عروض کرده اند چنانچه از مطالعه آن نسخه گرامی این معنی مستفاد میگردد دیگر از
منظومات این امیر فرخنده صفات چهل رباعیست که در ترجمه چهل حدیث گفته اند
وایضاً دویست و شصت رباعی که هر چهار مصراع شان متفق مردف است در ترجمه کلمات
فصاحت آیات نثر اللآلی بزبان ترکی در سلک نظم کشیده اند وظاهراً هیچکس پیش
از آنحضرت بزبان ترکی رباعی نگفته بوده تا بدان چه رسد که هر چهار مصراعش متفق
مردف باشند و دیوان قصاید و غزلیات فارسی این فارس میدان بلاغت شش هزار
بیت است در غایت روانی و سلاست مزین بمعانی خاص و جودت عبارت وبی
شایبه تکلف و غایله تصلف باندک مدتی شهرت لطافت و دقت این ابیات بدیع
آیین و منظومات پر زیب و تزیین بمرتبه رسیده که سلاطین صاحب تمکین از اقصی
بلاد عالم بالقصد رسولان سخن دان بدار السلطنه هرات فرستاده کلیات بلاغت
آیاتش را می جویند و درویشان گوشه نشین در اطراف دیار عرب و عجم

حق سبحانه و تعالی همگنان را توفیق مصالح دینی و دنیوی رفیق گرداناد والسلام و از جمله
منظومات این امیر خجسته صفات خمسه ترکیبست مشتمل بر بیست و هفت هزار بیت که
در برابر پنج گنج شیخ نظامی شرف ترتیب یافته و دران کتاب معانی دقیقه و خیالات
لطیفه بسیار انگیخته اند چنانچه حضرت مخدومی حقایق پناهی در تعریف آن فرموده اند که
مثنوی ترکی زبان نقشی آمد عجیب ** که جادو دمانرا بود مهر لب ** ز چرخ آفرینها
بران کلک بادا ** که این نقش مطبوع از آن سر زده ** ببخشود بر فارسی گوسران **
بنظم دری در نظم روان ** که گر بودی آن هم بلفظ دری ** نماندی مجال سخن گستری **
بمیزان نظم معجز نظام ** نظامی که بودی و خسرو کدام ** چو او بر زبان دگر نکته راند **
خود را بتمییز شان ره نماند ** و ایضا از غزلهای ترکی چهار دیوان محتوی بر بیست و پنج هزار
بیت مرتب ساخته اند دیوان اول را که در ایام نسیم صبی تربیت آن پرداخته
اند غرایب الصغر نام نهاده اند و دیوان ثانی را که در زمان جوانی در سلک نظم کشیده اند
موسوم بنوادر الشباب گردانیده اند و دیوان ثالث را که در سن وقوف بعضی
اوقات را بتکمیل آن صرف نموده اند بدایع الوسط نام فرموده اند و دیوان رابع را که
در ایام کهولت پرتو اندیشه آنحضرت بر نظم آن تافته به فواید الکبر اسم یافته و از جمله

از معانی آن طالع، و آثار حسن ادا از عبارات آن لامع اگر چنانچه کاملان تمام آن پردازند
و پرتو اندیشه بر تکمیل آن اندازند شک نیست که

و واسطة العقد شهور و اعوام خواهد بود حق سبحانه از سرچشمه نباید مصون دارا و دوا سرچشمه شاید
مامون و در وقتی که حضرت مخدومی حقایق پناهی نور الله مرقده از سفر مبارک حجاز
براه شام مراجعت فرموده بودند این رباعی بخاطر انوار امیر فضیلت گستر رسید نزدا بحضرت
ارسال نمودند که رباعی انصاف بده ای فلک مینافام تا زین دو کدام خوبتر کرد خرام
خورشید جهانتاب تو از جانب صبح یا ماه جهانگرد من از جانب شام آنحضرت در جواب این رقعه را
قلمی کردند که رباعی با کلک تو گفت نامه کای کاه خرام صد تحفه خوش بردم آورده ز شام
گر پای تو در میان نباشد نرسد مهجور ترا ز جانب دوست پیام چون رقعه شریف بخط
و عبارت لطیف متضمن رباعی نظم حسن فرد گران بیتر مقصور کم توان کرد
بمطالعه این ضعیف رسید از مصرع بر دل محزون و سینه مجروح در تفرقه مسدود گشت
و باب جمعیت مفتوح نایره شوق وصال اشتعال یافت و داعیه سفر مفضی بدولت
اتصال استکمال پذیرفت خاطر چنان میخواست که عنقریب امضای این نیت و تحقیق این امنیت
کرده آید اما بواسطه تمادی ایام روزه و تضاعف ضعف مرز و زه موعد این مراد بتعید افتاد

از فارسی بیشتر بود مولانا لطفی که ملطف سخن یگانهٔ آفاق بود و پیش از وی به از وی بزبان ترکی
کس شعر نگفته در مبادی سن رشد و تمیز آنحضرت روزی بملازمتش رسید والتماس نمود که از
نتایج افکار خود بخواندن غزلی مرا بهره ور سازند آنحضرت غزلی خواندند که مطلعش اینست

عارضین یاپقاچ کوزومدین ساچیلور هر لحظه یاش ، بیله کیم پیدا بولور یولد و
زنهان بولغاچ قویاش جناب مولوی از استماع این غزل غرق بحر حیرت افتاده بزبان
راندند که والله که اگر میسر شدی ده دوازده هزار بیت ترکی و فارسی خود را باین غزل
بدل میکردم وحصول این معامله را فوزی عظیم میشمردم در زمستانی که این امیر خسرو
نشان در ملازمت سلطان صاحب قران در خطه مرو اقامت داشتند خیال تتبع قصیده
بحر الابرار در خاطر عاطر آنحضرت افتاده این مطلع را بر لوح بیان نگاشتند که بیت
آتشین لعلی که تاج خسروان را زیور است ، اخگری بهر خیال خام پختن در سر است ، و قاصدی تعیین
فرموده جهت طلب اصلاح نزد حضرت حقایق پناهی مخدومی نورا نور الله مرقده
ارسال نمودند آنحضرت در تعریف این مطلع این رقعه را انشا نموده روان گردانیدند که
قطعه زهی کرده از شوق شهباز طبعت ، نمایان قدسی هوای تذروی ، بدرگاه مردم
فرستاده مطلع خوش بود گر اهل سخن مثل آن مینت مردی ، الحق مطلعی است انوار لطف فذکا

آنحضرت جاری نگشتی و حال آنکه بثبوت پیوسته که در روز حرب چنین فرموده اند که
شعر انا النبی لا کذب ٭ انا ابن عبد المطلب ٭ و از صحابهٔ کبار و اولیاء [illegible]
نیز اشعار بسیار منقولست بتخصیص اسد الله الغالب علی بن ابی طالب علیه الصلوة والسلام
که دیوان بلاغت نشانش مشهورست و ابیات فصاحت آیاتش بر السنه و افواه
مذکور و شعر بر انواعست چون قصیده و غزل و قطعه و رباعی و مثنوی و طائفه از شعرا
بسبب کثرت صلاحیت بر جمیع این اصناف شعر گفته اند و فرقه بنا بر عدم ملایمت
طبیعت بر ممارست بعضی ازین اقسام اکتفا نموده اند و لله الحمد و المنه که مهارت
اعلیحضرت خداوندی مقرب الحضرت السلطانی در جمیع انواع مذکوره بمرتبه بود که اگر شعرا
ما تقدم زمان مبارکش را دریافتندی دفتر گفت و گوی را در هم نوشته از اطراف
جهان گلستان فضیلت آشیانش شتافتندی مثنوی زهی طبع تو اوستاد سخن ٭٭
ز مفتاح کلکت گشاد سخن ٭٭ سخن را که از رونق افتاده بود ٭٭ بکنج هوان رخت بنهاده بود ٭٭
تو دادی دگر باره این آب روی ٭٭ کشیدی گو لا که گفت و گوی ٭٭ صفا یاب از نور
رای تو شد ٭٭ نوائی ز لطف نوای تو شد ٭٭ و اگر چه آنحضرت را بحسب قوت طبیعت
و کثرت قابلیت هر دو نوع شعر ترکی و فارسی میسر بود اما میل طبع دراکش بترکی

رخ زشبه دهد جلوهٔ ماه بدر دعقل صد افتاده زراه موی تجنیس زنم بشکافد
خال از ذوق دو گیسو بافد لب ز ترصیع طور ریز کند جعد تسکین کمرآویز کند
چشم از ایهام کند چشمک زن فتنه از لحن و هم فکن بر سر چهره نهد خال مجاز
شود از پردهٔ حقیقت پرداز ویکی از دلائل علو مرتبت شعر و شعرا و سمو منقبت
سحر پردازان سخن آرا آنست که بعضی از کفار در وقت انکار نبوت سید ابرار صلی الله
علیه الی انقراض الادوار ع نظم معجز شعار قرآنرا بشعر نسبت کردند
وآنحضرت را از جملهٔ شعرا شمردند چنانچه عالی جناب معارف پناه حقایق دستگاه
مخدومی شیخ الاسلام نور الحق والحقیقة والدین عبدالرحمن الجامی این معنی را
در سلک بیان کشیده اند که قطعه پایه شعر بین که چون ز نبی نفی نعت
پیمبری کردند بهر تصحیح نسبت قرآن تهمت او بشاعری کردند وآنکه حضرت
حق سبحانه وتعالی بکلمهٔ وما علمناه الشعر وما ینبغی له دامن عصمت خاتم الانبیا را
از آلایش این تهمت مبرا گردانید نه جهت آنست که کلام منظوم فی الواقع مذموم است
بلکه شعر بآنست که معاندان فرقان حمید را داخل شعر دانند و صاحب مقام محمود را
در سلک شعرا منتظم نگردانند واگر چنین بودی بایستی که هرگز بیتی بزبان الهام بیان

آنحضرت

افادته حاشیه شرح حکمت عین تالیف جناب مرحومی مولانا کمال الدین مسعود
شروانی رساله در علم فراست نگاشته خامه مولانا عبد الرزاق کرمانی شرح موجز حاشیه مولانا
نفیس تصنیف جناب حکمت مآبی مولانا غیاث الدین محمد لازالت میامن انفاسه
ترجمه عربیات نفحات تالیف مولانا نظام الدین احمد پسر شمس تذکرة النفوس انشای مولانا
درویش علی طبیب حاشیه مطول نگاشته خامه خواجه ابو القاسم ابو اللیثی حاشیه مفتاح قلمیه
تلویح تالیفات خواجه خاوند ابو اللیثی شرح موجز تصنیف مولانا غیاث الدین قاضی
سبزوار مقصد دوم در بیان فضیلت شعر و عظم شان شعرا
بررای عالم ناظمان لآلی بلاغت و ضمایر خجسته مآثر صیرفیان جواهر براعت محقق و
محجوب نیست که سخن موزون مقفی گوهریست در کمال طراوت و صفا و رفعت و
منزلت اشعار فصاحت انتما امریست بغایت ظاهر و پیدا خود خرده شناس را
نقدی رایج تر از زر بدست نیاید و طبع فضیلت اقتباس را صورتی زیباتر از روی
نماید مثنوی هیچ شاید چو سخن موزون نیست ده سر خوبی ز خطش سرو ان بیت ده
صبر از وصعب و تسلی مشکل ده خاصه وقتی که ل بردن دل ده کند از وزن سر خلعت تازه
کند از قافیه دامانش طراز ده پا خلخال ردیف آرایده بر چین خال خیال افزایده

زمانه بتکمیل علوم موفق گشته دعاگو و ثناخوان بمواطن خویش مراجعت نموده اند و بسیاری
ازان جماعت حالا در بلده فاخره هراة بمنصب تدریس مفتخر و سرافرازند چنانچه اسامی بعضی ازیشان
در خاتمه خلاصة الاخبار سمت تحریر یافته اکنون محل مقتضی آنست که اسامی کتبی که علمای زمان
مدت ظلال افاداتهم الی انقراض الدوران بنام نامی امیر عالی مکان تصنیف کرده اند
در سلک بیان آید بعد ازان عنان جواد خوش خرام خامه بصوب مقصد دیگر انعطاف
یابد شرح فرایض تالیف عالیحضرت شیخ الاسلامی ملاذ الانامی المختص بعنایت السبحانی
سیف الملة والدین احمد التفتازانی خلد الله تعالی ظلال برکاته الی یوم الدین روضة
الاحباب فی سیرة النبی والآل والاصحاب مشتمل بر دو مجلد تصنیف حضرت نقابت منقبت
امیر جمال الملة والدین عطاء الله الاصیلی مد ظله العالی تفسیر فارسی تالیف عالیجناب افاضت
پناه مولانا کمال الدین حسین الواعظ الکاشفی شرح اربعین امام نواوی حاشیه مختصر
حاشیه چغمینی حاشیه شرح هدایه حکمت حاشیه شرح اشکال تاسیس شرح بیست باب
اسطرلاب حاشیه مواقف شرح مائة العامل تصنیفات حضرت افادت مآبی
مخدومی مولانا فصیح الملة والدین محمد النظامی خلدت ظلال فضایله شرح مشکوة
تالیف جناب فضیلت انتساب خواجه عماد الدین عبد العزیز ابهری مدت ظلال

افادته

امیر مرتاض مولانا فصیح الملة والدین محمد النظامی خانقاه خلاصیه در محاذی مدرسه
مذکوره در کمال تکلف و زیبایی تعمیر یافته و درین بقعه نیز نفر از اکابر علما بتدریس و افاده
قیام می نمایند و نامهای ایشان اینست امیر جمال الدین عطاء الله اصیلی امیر صدر الدین
ابراهیم مشهدی خواجه عماد الدین عبد العزیز ابهری شفائیه در جانب غربی مدرسه مذکوره
در نهایت پاکیزگی عمارت کرده شده و حالا مولانا غیاث الدین محمد بن مولانا جلال الدین
دران بقعه بدرس کتب طبیه مشغولی می نمایند مدرسه نظامیه در درون بلده هرات
واقع است و در تاریخ مذکور امیر برهان الدین که ارشد اولاد امیر سید اصیل است و مولانا
کریم الدین دشت بیاضی دران بقعه بتدریس اشتغال دارند مدرسه خسرویه
در بلده فاخره مرو ساخته شده وجه تسمیه اش آنکه شاهزاده مغفور میرزا محمد سلطان مشهور بمیرزا
کیچیک که خواهرزاده خسرو صاحب قران بود بحضرت خشت بنایش را بر کار انداخت
وایضا لفظ خسرویه بحساب جمل از تاریخ سال بنایش خبر میدهد و بر ضمایر ارباب خبرت پوشیده
نماند که یمن و برکت بقاع مذکوره در ربع مسکون بمرتبه مشهور است که مزیدی بران متصور نیست
حضوصا مدرسه اخلاصیه و خانقاه خلاصیه که از زمان بنای آن الی یومنا هذا که مدت بیست سالست
چندین هزار از طلبه علم از اطراف و اقطار عالم بدین دو منزل متبرک آمده اند و بادرک

طبع پاک تو هر که دیده هست فهم حکمت طبیعی افتاده است بر دولت حکمت الهی تافته

که رخ از ظلمت ملاهی تافته فکر تو زد سوی ریاضی رای شد ریاضی ریاض خلد آرای

نحاریر علما هرگاه در مجلس عالیش راه می یافتند از صفحات مکنونات طبیعت صافیش فواید

فواید استفاده مینمودند و مشاهیر فضلا هر وقت بر بساط فرخنده سماطش می نشستند التقاط

جواهر نکات و عواید میفرمودند قطعه کان کرم کف تو شناسد خرد ولیک

پیدا نشد بیان تو گوهر کان علم از فیض عقل فکر تو صد شمع بر فروخت تا شد منور طبع

تو روشن جهان علم و همچنین این قبلهٔ ارباب تحقیق و یقین در ایام دولت صاحب

قران ظفر قرین در عظم شان و رفعت مکان علماء اعلام و فضلای لازم الاحترام

بقدر طاقت و توان سعی و اهتمام نمودند و جهت فراغ بال و رفاه حال طلبهٔ علوم

طوایف تعیین کرده مدارس و خوانق بنا فرمودند چنانچه تعداد کرده میشود مدرسهٔ

اخلاصیه در کنار نهر انجیل در غایت زیب و زینت ساخته شده و حالا که

شهور سنه ست و تسعمایه هجریست چهار نفر از دانشمندان متبحر تدریس آن بقعهٔ

شریفه سرافراز و مفتخرند و از اوقاف آن حظی وافی و نصیبی وافر می برند و اسامی

ایشان این است امیر برهان الدین عطاء الله نیشابوری قاضی اختیار الدین حسن تربتی

ایم

و بعد از انتقال سلطان سعید ازین منزل پر ملال چون صاحب قران پسندیده خصال در
دار السلطنهٔ هراة علم سلطنت و اقبال برافراشت و آن نقطه دایره فضل و کمال بدان بلده فاخره تشریف
قدوم ارزانی داشت با وجود وصول اسباب جاه و حشمت و حصول نیابت پادشاه ذو شوکت
و تکفل مهام طبقات انام و تعهد مرام خواص و عوام و تنسیق امور ملک و ملت و تنظیم
احوال دین و دولت بدستور معهود همگی روزگار فرخنده آثار را بتصحیح الفاظ و تحقیق معانی
و ترتیب دلائل و تنقیح مسائل و استکشاف اسرار علوم نقلی و استخراج نکات فنون عقلی صرف نمود
و همواره در سفر و حضر نزد عالیجناب مخدومی مولانا فصیح الملة والدین محمد النظامی بطریق استفاده
قیام و اقدام مینمود بیت که کسی بر سریر جاه و جلال شده چون تو کرد اکتساب فضل و کمال شده
لاجرم بر طبق من طلب شیئا و جد وجد لوح ضمیر فیض پذیرش محل نقوش حقایق اشیا گشت
و صحیفه خاطر افادت مآثرش موضع ثبوت دقایق عالم با کلا باشد قطعه از قول تو دقایق
تبیان مبین شده و ز فضل تو حقایق قران مفسر شده ز اقسام علم عقلی و نقلی باتفاق
ذات و صفات ترا خط او فر شده خلاصه آرا متقدمین از نتایج فکر صایبش نموده و نقاوه
افکار متاخرین از خصائص رای ثاقبش نشانه مثنوی مشکل حکمت از کلام تو حل شده
منطق تو بیان سر مجمل شده راه مشائیان از تو واضح شده نور اشراقیان از تو لایح شده

وان العلم باق لایزال» از سیاق این کلمات و مضمون این مقدمات کالشمس فی وسط السما
ظاهر و هویداست که درجه و مرتبه علم و دانش بلندترین مدارج است و مراتب و تقدیم و ترجیح
علما بر کافه برایا لازم و واجب و بحکم کلمه صحیحه طلب العلم فریضة علی کل مسلم و مسلمة سزاوار
چنانست که جمیع افراد انسان بقدر طاقت و توان در طلب علم سعی نمایند تا باستضائت
مصباح دانش راه بمنزل هدایت برده در زمره اولئک علیهم صلوات من ربهم و رحمة داخل
گردند بیت بدانش فزای و بدانش گرای ٭ که دانش بود مرد را رهنمای ٭ بنابرین امیر سیادت
قرین از مبادی سن صبی تا آخر زمان حیات اکثر اوقات فایض البرکات را بتحصیل علم و کمال
صرف نمودند و از اکتساب اصناف علوم و استحصال انواع فنون لحظه بفراغت نیاسودند
در زمان شباب و جوانی که بهترین اوان حیات زندگانیست در بلده فاخره هراة که مجمع علما
اعلام و مرجع فضلا لازم الاحترام است بجد تمام و جهد لا کلام بمطالعه کتب متداوله اشتغال
میفرمودند و در ایام دولت سلطان سعید میرزا سلطان ابوسعید در مصاحبت جناب افادت
پناه خواجه فضل الله ابو اللیثی رحمة الله که از غایت فقاهت و دانش ملقب بابوعلی سینا
ثانی بود بسمرقند رفته در خانقاه آن جناب حجره گرفتند و مدتی کما ینبغی بشرط استفاده قیام نمودند
جناب خواجه همواره بجودت طبیعت آنحضرت میستودند و بر سایر تلامذه ترجیح مینمودند

و بعد از

حیث قال وانزل الله علیک الکتاب والحکمة وعلمک ما لم تکن تعلم وکان فضل الله علیک عظیما
وایضا آنحضرت را بطلب علم مامور گردانیده چنانچه گفته که قل رب زدنی علما واولوا العلم در شهادت
الوهیت با ملائکه مقربین قرین ساخته در وقتی که ملائکه مقربین را قرین خود گردانیده چنانکه
فرموده که شهد الله انه لا اله الا هو والملئکة واولوا العلم قایما بالقسط واز کلام حلاوت انجام طوطی
شکرخای و ما ینطق عن الهوی چنان مستفاد میگردد که علماء امت روز قیامت در باب شفاعت
ارباب معصیت با انبیا سمت مشارکت خواهند داشت حیث قال علیه من الصلوات اکملها ومن التحیات
افضلها یشفع یوم القیمة الانبیاء ثم العلماء ثم الشهداء و در حدیث دیگر ایشان را در اطوار و سیر با انبیا.
تشبیه فرموده که علماء امتی کانبیاء بنی اسرائیل وایضا فرموده که من صلی خلف العالم من
العلماء فکانه صلی خلف النبی من الانبیاء و جای دیگر این طایفه برگزیده را وارث انبیا
خوانده که العلماء ورثة الانبیاء و در تفضیل عالم بر عابد برین وجه سخن رانده که فضل العالم
علی العابد کفضل القمر لیلة البدر علی سایر الکواکب وایضا فرموده که فضل العالم علی العابد کفضلی
علی ادناکم و در سلک الفاظ دربار و اشعار گوهرنثار حضرت امیر المؤمنین و امام المسلمین اسد الله
الغالب علی ابن ابی طالب علیه السلام والتحیة این دو بیت شرف انتظام یافته که
شعر رضینا قسمة الجبار فینا ٭ لنا علم وللاعداء مال ٭ فان المال یفنی عن قریب

انسب آنست که شب بباغ درآیم زیرا که احتمال قریب دارد که روز ملازمان میرزا یادگار محمد
از عزیمت ما آگاه گشته بزودی فراهم آیند و مهمی از پیش نرود و نزد عقل بغایت دور می نماید که
در شب با وجود آنکه مخالفان از حال ما آگاه گردند جمع توانند گشت دیگر آنکه بر تقدیری که
مقصود ما بحصول نه پیوندد در شب که پردهٔ ظلمانی در پیش چشم افراد انسان آویخته بود بطرفی
بیرون توان رفت بخلاف روز که این معنی متیسر نشود سلطان صاحب قران این سخنان را
بسمع قبول جای داده در شب بباغ زاغان در آمد و تدبیر امیر صافی ضمیر موافق تقدیر افتاده
چنانچه در خلاصة الاخبار مذکور است میرزا یادگار محمد گرفتار شد و روی بعالم آخرت آورد
لاجرم روزگار امیر هدایت شعار را مخاطب ساخته بمضمون این مقال ترنم کرد قطعه
مشتری عقل دوربین تراهٔ در بد و نیک پیشوا داند ماه عالم نورد در شب تا ده رای تو
مشرق رجا داند مقصد دوم در بیان فضیلت علم و مرتبت علما
بر حاشیهٔ ضمیر اصحاب فضل و هنر بقلم قضا و قدر شرح پذیر گشته که در صدف کاف آفرینش هیچ
دری گرانمایه تر از گوهر خجسته اثر علم و دانش نیست زیرا که حضرت حق سبحانه و تعالی این صفت
بلند رتبت را بذات همایون خود نسبت داده کما قال عزّ و علا و علّمناه من لدنا علما
و بسبب این عطیت عظمی بر حضرت خاتم الانبیا علیه من الصلوات اتمها و انماها منت نهاده

و میرزا یادگار محمد در غایت فراغت و غفلت چراغ عیش و عشرت برافروخته بنابران
بخاطر میگذرد که اگر رای شما اقتضا فرماید بدانجانب ایلغار کنیم شاید که کاری از پیش رود و رعایا
و ودایع خالق البرایا اند از چنگ محنت و تعدی خلاص شوند آنحضرت بقدر الامکان
این اندیشه را استحسان فرموده در اخفاء آن وصیت فرمود و بر زبان الهام بیان راند که
اگر این سخن با من نیز گفته نشدی بهتر بودی سلطان صاحبقران پرسید که سبب این همه مبالغه
و الحاح درین باب چیست امیر عالیجناب جواب داد که نگاه داشتن این راز از جمله واجبات است زیرا که
هر روز جمعی از مردم ما گریخته پیش یادگار محمد میرزا میروند و هیچ سپاکی گرامی تر از رسانیدن
این خبر نمیدانند و دور نیست که چون پرتو شعور مشارالیه برین عزیمت افتد من بعد با احتیاط
سلوک نماید بلکه لشکری بدینجانب روان گرداند بالجمله بعد ازین قیل و قال صاحبقرانی
نمال بر سبیل استعجال متوجه هرات گشته بموجب وصیت امیر عالی منزلت تا زمان وصول بلنگر کوکن
مکنون ضمیر همایون را با هیچکس درمیان ننهاد و در آن منزل با سایر امرا و ارکان دولت در
باب آن عزیمت جانقی فرموده جمیع ایشان شرط استحسان بجای آوردند اما اکثر برین بودند که
بوقت استوا که درخانه سلاطین خالی می باشد بباغ زاغان در می باید رفت تا همه دشمنان
برحسب دلخواه دشمنان سرانجام یابد امیر صائب تدبیر این رای را پسندید و فرمود که

عالیحضرت خداوندی مقرب الحضرة السلطانی بوقف عرض رسانید که در احضار منجم و تفحص
سعادت و نحوست زمان فایده منصور نیست زیرا که اگر ساعت مناسب باشد و اگر نباشد
تعلل و توقف از قبیل ممتنعات است و تعجیل در نهضت از مقوله واجبات قطعیه
آنرا که بود سابقه لطف خداوند که کواکب و افلاک مکن کارگذاری طوبی که حوض آب رحمت کوثر
فارغ بود از تربیت ابر بهاری حضرت صاحب قرانی رای عالم آرای آن مهبط الهامات
ربانی را استحسان فرموده روی بدشمنان آورد و بعد از قطع مقداری مسافت چنان بوضوح پیوست که
ساعت رکوب جهت شروع در مهمی بغایت موافق بود قطعه دیدن فکر دور بینش دیده
هر چه بود از برای پرده غیب حکم و بیشی بر آن نکرد قضاء هر چه آمد بخاطرش لاریب بود و در موضع
خباران تلاقی فریقین بوقوع انجامیده نسیم فتح و ظفر بر پرچم علم صاحب قران عالی گهر وزید و میرزا
یادگار محمد بموافقت ترکمانان با قبح وجهی منهزم گردید چنانچه تفصیل این حکایت در خلاصة
الاخبار مسطور است حکایت در آن اوان که میرزا یادگار محمد بر دار السلطنه هراة استیلا یافت
و سلطان صاحب قران بمقتضای زمان بطرف میمنه و فاریاب شتافت روزی در آن ولایت
در خلوت امیر هدایت منقبت را طلب فرموده بر سبیل مشورت بر زبان گذرانید که چنان
استماع می افتد که ترکمانان در دار السلطنه هراة اعلام ظلم و عدوان برافراخته اند

و میرزا

بچه بصیرت اهل علم و کمال در صحایف احوال و لطایف اقوال آن برگزیده
مهیمن متعال انوار عقل و تدبیر و آثار خرد و تمیز بنوعی مشاهده میمود که مزیدی بران
ممکن و متصور نبود و بمتانت عقل دوربینش امور دین و دولت صفت انتظام گرفت
و برزانت رای خود آیینش مهام ملک و ملت سمت سرانجام پذیرفت هرچه
هرچه مثبت کرد بر لوح ضمیر از قضا غیرش نشد صورت پذیر و بلوامع اندیشهٔ ثاقبش
مشکلات معضله منجلی گشت و بمیامن تدبیر صائبش مهمات کلیه از هم گذشت بیت
هرچه تدبیرش رقم زد بر ورق راست آمد نسخهٔ تقدیر حق جهت صدق این دعوی و تحقیق این
معنی دو حکایت که بمنزلهٔ دو گواه عدل است در سلک تحریر کشیده میشود بعد از آن عنان بیان بصوب
دیگر انعطاف می یابد و من الله الاعانة والتوفیق حکایت اول در اوایل سنهٔ اربع و سبعین و ثمانمایه
که میرزا یادگار محمد بمدد حسن بیک ترکمان روی توجه به تسخیر خراسان آورد سلطان صاحب
قران جمعی از امرا و لشکر بازیا باستقبال دشمنان فرستاده بنفس همایون از عقب ایشان نهضت کرد
چون رایات نصرت آیات از مشهد مقدسه در گذشت خبر قرب وصول مخالفان ماجرا آ
ایلغار متواتر گشت لاجرم پادشاه مظفر لوا داعیه فرمود که بر سبیل سرعت بجانب مخالفان
حرکت فرماید اما بزبان خجسته بیانش چنان یافت که از برای اختیار ساعت منجمی حاضر سازند

درگاه عبودیت جناب ربوبیت توان بود کما روی عن رسول الله صلی الله
علیه وسلم انه قال لما خلق الله عز وجل العقل قال له اقبل فاقبل قال له ادبر
فادبر فقال ما خلقت خلقا هو احب الی منک انی بک اعبد وبک اعرف وبک
آخذ وبک اعطی رباعی عقلست کز و کار جهان منتظم است ه پیوسته اساس دین و دنیا بدو
معتبر هست ه هر جا که درد عقل نباشد سلطان ه انصاف که انصاف ازو منعدمست
بهدایت عقل فرق میان خیر و شر و نفع و ضر و صواب و خطا توان کرد و بدلالت
خود تجارب تصاریف ایام و ممارست گردش شهور و اعوام بدست توان آورد
مثنوی خرد رهنمای و خرد دلگشای ه خرد دستگیر د بهر دو سرای ه خرد افسر شهریاران
یاران بود ه خرد زیور نامداران بود ه هر آنکس که او را نباشد خرد ه خردمندش
از بخردان نشمرد ه چو مایه خرد یافتی در جهان ه عنانی بهر دو سرا شادمان ه فی الواقع
این جوهر نفیس در مخزن دماغ هر که در آید هزار گنج معانی بدیده و دل او وا نماید
و در باطن خجسته میامن هر کس مأمن سازد سپاه خیل جهالت را از آنجا براندازد
رباعی این لعل گران بها ز کان دگرست ه وین دریگانه را نشان دگرست
اندیشه کج مپیچ و میاور بخیال ه کافسانه عقل را زبان دگرست ه والحمد لله تعالی که

برالسنه وافواه خلایق مذکور گشت و در منشورات اوراق افلاک زیب و زینت بخشید
و جواهر منظوماتش صدف جهان را پر درگران بها گردانید بیت لب آلست جهان
چون دهان لاله رخان ز فیض نطق شریفش بلولوی منثور و از شمایم لطف عمیمش
دماغ جان ارباب دولت و اقبال معطر گردید و از نسایم خلق کریمش نهال آمال
اهل علم و کمال سر بفلک اخضر کشید نظم بروزگار همایون او محقق شده
که حیثیت معنی لفظ مکارم الاخلاق ه مقصد اول در بیان شرف و منزلت عقل
و ادراک قال رسول الله صلی الله علیه و سلم لا دین لمن لا عقل له
از فروغ این کلام صدق انجام نزد فضلای انام چنین واضح و مبرهن میگردد
فضای دماغ هر کس که از نور عقل و تمیز بی بهره باشد چراغ دین و اسلام در خانه
دل وی برافروخته نگردد و تیر عقل و ادراک بر چشم هر کس پرتو اندازد از اشعه
آفتاب شریعت خیر الانام چشم جانش صفت روشنی یابد رباعی عقلست که
بنیاد همه عالم از وست عقلست که کار ملک و دین محکم از وست در حضرت قدس
صفه مجمع انس هر رونق و حشمتی که بینی همه ز وست بی شایبه اشتباه بدستیاری
خرد سعادت معرفت حضرت الوهیت احراز توان نمود و بپامردی عقل ساحت

برجویبار عزت و کامرانی بالا کشیده روز بروز علامات فضل و کمال از افعال و اقوال
او ظاهر تر میشد و ساعت بساعت امارت امارت و اقبال از حرکات و سکناتش
لایح تر میگشت نظم چو طالع شود صبح گیتی فروز. شود هر زمان بیشتر نور روزه
و در سن طفولیت سخندانی در غایت غرابت بر زبان مبارک آنحضرت جاری می یافت
چنانچه شنوندگان در بحر حیرت می افتادند و والد نامدار بزرگوار صاحب قران کامکار
سلطان غیاث الدین منصور انار الله مرقده بقنادیل السرور و شهریار سعادت انتما میرزا
سلطان محمد بایقرا و دیگر قرابتان و خویشان ایشان همواره بنظر شفقت و عطوفت در آن
غنچه گلبن جلالت می نگریستند و بکلمات الهام آیاتش تفأل گرفته نسبت بآنحضرت
در غایت لطف و مرحمت می زیستند ع اهل دل در صورتش معنی رحمت دیده اند
و چون چهار سال از عمر شریف آن دایرهٔ نقطهٔ فضل و کمال درگذشت و از دیوان
قضا پرورش و تربیتش به تیر روشن ضمیر که معلم دبیرستان افلاکست مفوض گشت
و در ملازمت و مصاحبت صاحب قران گردون منزلت بمکتب رفته آغاز تعلم نمود
و بتوفیق الهی باندک زمانی قصب السبق از امثال و اقران در ربود و صیت سلامت
طبع لطیفش در اطراف آفاق مشهور شد و حدیث استقامت ذهن تیز بینش

بالهم

بزبان حال خبر داد که عنقریب حقیقت آیت آتیناه الحکم صبیاً بمردم نماید و انوار بشره
فرخنده اش بگوش هوش محرمان رسانید که بزودی مسند فضل و کمال را بپای مبارک
بیاراید بیت آنرا که نشان ضرب اعلی است ه برجبهه او چو نور پیدا است ه
ابوین بزرگوار آن مولود عالیمقدار بشکر حضرت واهب العطیات و ایفاء نذور
صدقات قیام نمودند و بمراسم جشن و سور و لوازم فرح و سرور اقدام فرمودند بر ضمیر
منیر ارباب تاریخ و خبر پوشیده نماند که روز هفدهم رمضان را که هنگام طلوع آفتاب
طلعت آنحضرت بوده شرف و منزلت بی نهایت است زیرا که بمذهب بسیاری از مفسران
ابتداء وحی و نزول قرآن بخاتم پیغمبران علیه صلوات من الملک المنان درین روز بوقوع
انجامیده و باتفاق جمهور اهل سیر جنگ بدر که آیت و لقد نصرکم الله ببدر و انتم
اذلة از عظم شان آن حکایت میکند درهمین روز روی نموده و بزعم فرقه از مورخان
شاه مردان علیه افضل الصلوات را درهمین روز تیغ برفرق مبارک رسید و بدان سبب
بعز شهادت فایز گردید و ایضا زمره از علما برانند که شب قدر عبارت از شب هفدهم
رمضان است سبب آن شب قدری که گویند اهل خلوت امشب است یارب این
این تاثیر دولت از کدامین کوکبست القصه نهال قامت مقرب حضرت سلطانی

کرمش عرصهٔ عالم سمت روشنی گیرد و از اشعهٔ انوار لطف عمیمش ساحت سینهٔ طوایف
بنی آدم صفت اضائت پذیرد بیت طالع شود ز برج شرف کوکب منیره
خورشید رای و زهره رخ و مشتری ضمیر مؤید این حال و مؤکد این مقال آنکه در زمان
سلطنت و اوان خلافت خاقان عالی مکان معین الدنیا والدین شاهرخ سلطان
افاض الله علیه شآبیب الغفران که اطراف و اقطار جهان مانند روضهٔ جنان از فیض
عدل و احسان حضرت و نضارت داشت در گلشن عز و اقبال نهالی دمید مثمر ثمرهٔ
آمال و امانی و بر سپهر جاه و جلال کوکبی طالع گردید منور دیدهٔ دولت و کامرانی
بیت دمید از بوستان دل نهالی دمید از آسمان جان هلالی یعنی عالیحضرت نتیجة الخاقانیة
منقبت صوفی صفت صافی طویت رکن السلطنة و عمدة المملکة اعتضاد الدولة
مقرب الحضرت السلطانیه در سعد سیم رمضان سنه اربع و اربعین و ثمانمایه موافق تخاقوی ییل
قدم از کتم عدم بعالم وجود نهاد و روی زمین را بغر طلعت با بهجت خویش زیب و زینت
داد نظم نبی باید برگشت اسمان زاده که روشن سازد از ماه جهان را جهان خود
هیچکه در هیچ حالی نباشد خالی از صاحب کمالی امارات لطف و کرم در چهرهٔ
همایونش پیدا و علامات محاسن شیم از جبین مبینش هویدا آثار رشد نجابت اش

ایالی

ارتیاب مکارم اخلاق اگرنه محبوب رب الارباب بودی صاحب مقام محمود را بان
ستودی حیث قال فی کتابه الکریم وانک لعلی خلق عظیم بلکه هر خردمندی که
نظر صادق مبذول دارد و شرط تامل و تفکر کما ینبغی بجای آرد بیقین بداند که مقصود
از ارسال چندین هزار پیغمبر مرسل و وضع شرایع و ملل جز تهذیب اخلاق و تحسین سیر
امری دیگر نیست زیرا که سید المرسلین و خاتم النبیین صلوات الله علیه و علیهم اجمعین
چنین می فرماید که بعثت لاتمم مکارم الاخلاق یعنی حکمت در رسالت و نبوت من است که
قواعدی را که انبیا و رسل در اخلاق کریمه و اداب حمیده بنیاد نهاده اند باتمام رسانم
و نهال خصال رضیه و افعال مرضیه را که در ریاض طبایع نشانده اند مثمر و بارور
گردانم از فحوای این کلام صدق انجام بوضوح می پیوندد که فضیلت مکارم اخلاق و
منزلت محاسن اداب نه در ان مرتبه است که قلم و زبان از عهده تقریر آن بیرون
توانند آمد و بنان بیان پیرامن تحریر شمه ازان تواند گشت رباعی القصه بطول لساء
اگر عمر درازه در ملک سخن وری دوم شیب و فراز ناکرده بوصف آن یکی منزل طی
آخر بنوار کاه عجز ایم بازه و حکمت کامله آفریدگار بر حق و قدرت شامله مالک الملک مطلق
مقتضی آنست که در هر چند گاه از افق ولادت آفتابی طالع گردد که از پرتو لمعات خلق

وتحریض فرمود خاطر بطریق مهر و وفا راه صفا مسلوک داشت و خیال خود را بی دغدغهٔ پروای
بصورت دل جویی باز گذاشت خامه نیز بموافقت سر ارادت جنبانید و از عین ثبات
سرچشمهٔ دوات این کلمات را برین صفحات مثبت گردانید بیت چون دل و خاطر
خامه بصفا یار شد بندهٔ همه در نظر سخن واقف اسرار شد بنده مامول از الطاف اهل شفقت و اعطاف
آنکه بنظر اصلاح درین مختصر نگرند و از مقام عیب جویی و اعتساف درگذرند بیت
بپوش دامن عفو بزلت قلمش که کاتب ازل این خط نوشت بر رقمش مقدمه در بیان فضیلت
مکارم اخلاق و ذکر ولادت باسعادت آن ملاذ اکابر آفاق بر رای عالم
آرای اصحاب کیاست و ضمیر عقده گشای ارباب فهم و فراست روشن و مبرهن
خواهد بود که بحکم کلمه من یرد الله به خیرا یجعل له خُلقاً حسناً هرگاه اراده خالق بیچون و مشیت
قادر کن فیکون مقتضی آن گردد که یکی از بندگان خود را بوصول دولت دینی و دنیوی
و حصول سعادت صوری و معنوی مفتخر و سرافراز گرداند نخست جمال حالش را بحلیهٔ محاسن
اوصاف و کرایم اخلاق بیاراید و زنگ رذایل اطوار و خصایل ناهموار از آینهٔ ضمیر
فیض پذیریش بصیقل لطف و احسان بزداید تا بواسطهٔ صفات گزیده و وسیلهٔ سمات پسندیده
مقبول درگاه حضرت احدیت و مشمول عنایت و عاطفت بی غایت شود بی شایبهٔ شبهه

وانتساب

سخن آغاز کرد که ع گر بی هنران قدر سخن نشناسند ٭ لله الحمد والمنة که طبع سخن شناس و

ذهن خرد اقتباس صاحب قران جم اقتدار سلطان سلاطین روزگار زیب افزاینده

خلعت ابهت و کامکاری و نگارندهٔ رقوم عدالت و بختیاری بیت

فرازندهٔ رایت خسروی ٭ برازندهٔ تاج کیخسروی ٭ مظهر اسرار الهی و مطلع انوار پادشاهی

آفتاب آسمان مرحمت و احسان معز السلطنة والدنیا والدین ابو الغازی سلطان

حسین بهادر خان لازالت اطناب خیام خلافته ابداً و تا د الخلود مشدوده و ظلال اجلال

سلطنته علی مفارق الخلایق ممدوده بدقایق انوار فضل و هنر ذات و مابدراک

حقایق اصناف علم و دانش توانا نظم پیش طبع پاکش آب افسرده پیش فهم

تیزش آتش مرده نهال آمال فضلا در جویبار تربیتش سمت نشو و نما گرفته

و شجرهٔ اقبال علما از پرتو آفتاب عنایتش صفت خضرت و نضارت پذیرفته

بیت علم شده عام ز احسان او ٭ جهل نیابد بدوران او ٭ عقل دوراندیش

چون دل بی خویش را در غایت اندوه و اضطراب دید و از زبان حالش

ازین گونه سخنان سنجیدهٔ مقبول شنید خاطر و خامه را در دار السلام تعزیت

ابلاغ نصیحت طلب نمود و ترتیب این نامهٔ نامی و تحریر این نسخهٔ گرامی ترغیب

دلی بآفت بی انتهای چرخ اسیر   دلی بر آتش حرمان روزگار کباب   دلی که چون
هوس بزم باشدش نباشد گهی ز ناله رباب و گهی ز اشک شراب نه فاضلی که بتکمیل
اصناف فضایل پردازد و خود را در سلک فضلای انام منتظم سازد از روی
اضطرار روی بدیوار ادبار فرو خواهد نهاد و عنان شرایف علوم و زمام بدایع معقول و
مفهوم بقبضه اختیار ارادل دهر جفاکار خواهد داد بیت در دست ما چو نیست عنان
بگذاشتیم تا کرم او چه میکند هرکه چون صبح آیینه غمازی پیشه کند چون آفتاب تاج زرنگار
بر سر خواهد یافت و هرکه چون شب پرده پوش خطا گردد شهاب آسا آتش در
آتش جگرسوز محنت خواهد تافت سپهر بی مهار ارباب عقل و دانش را از اهل جنون خوار می
شمرد و گردون دون و فلک بوقلمون کار اصحاب جهل و مردم نااهل را از پیش فراپیش می برد
نظم فلک بمردم نادان دهد زمام مراد تو اهل فضلی و دانش همین گناهت بس
چون طفل گریان قلم این قصه پر غصه و الم در غایت روانی فرو خواند و حکایت
شکایت آمیز بزبان سر تیز از مرکز ثری باوج ثریا رساند دل سودایی میخواست که خامه نسیان
بر شرح این قصه و داستان راند و عنان بیان از جاده تصنیف و انشا بگرداند اما بموجب
ع منی النفس ما عودتها تتعود در حرکت آمد و پناه بدرگاه عقل برده از وی نیاز این نوع

سخن

حیرت زده ام چرا ین ندانم که فتاده جانسوز [illegible] مصیبتی همه عالم را که
دست از کار و زبان از گفتار بازایستاده و دل مستهام از صبر و آرام جدا گشته
بی طاقتی آغاز نهاد نظم از مشکل غمهای تو فریاد ای دل آمد همه سعیهات
برباد ای دل اندر طلب امید وصل تو جز خون جگر ز دیده نگشاد ای دل
هرگاه بلطایف الحیل خاطر پریشان آورده که آنچه سواد کرده شده بود ببیاض ترقیم و کیفیت
مرض و وفات آن ذات فایض البرکات را بر لوح بیان نگارم ورق [illegible] رقت
نموده سیاهی غلطت آغاز نهاد و خامهٔ مشکین عمامه بتقریر این کلمات زبان
برکشاد که مدتی حورا و شان نتایج خاطرت را بمشک و عنبر پرورده بر عذار کافوری
جلوه گر ساختم عاقبت نهال آمال میوهٔ حسرت بار آورده خاطر از دغدغهٔ اندیشه
بیکبارگی باز پرداختم تا به یقین میدانم که بعد ازین هر صاحب رای معنی آرای که در
نهانخانهٔ ضمیر با چهره یان عبارات دلپذیر دمسازی کند و بان وسیله طوطیان
چمن بلاغت بیان هزاردستان هم آوازی نماید از کثرت معاندان زمان و قلت
معاونت اخوان حاصل عمر گرامی را بخواندن این ابیات نامی مصروف خواهد داشت که
نظم مرا دلیست چو بنیاد کار دهر خراب چو زلف یار مشوش چو بخت من در تاب

چه این معنی سبب آن میشود که تا قیامت ساعت وساعتاً قیام ذکر اعمال
حمیده وافعال پسندیده آنحضرت برصفحات روزگار واوراق لیل ونهار
باقی وپایدار ماند مصراع نام نیکو را بزرگان عمر ثانی گفته اند لاجرم من بنده که
جز ثناگستری آن مهر سپهر سروری هنری ندارم بیت من ندارم جز ثنا
خود پیشهٔ جز دعا خوش نایدم اندیشهٔ روی بتحریر ما فی الضمیر آوردم واین
اجزا را بر مقدمه و ده مقصد وخاتمه مرتب گردانیده مکارم الاخلاق نام
کردم اما قبل از آنکه این سواد ببیاض رود ومنظور نظر فیاض اهل ادراک
شود ندای یا ایتها النفس المطمئنة ارجعی الی ربک راضیة مرضیة بگوش هوش
این امیر عالیمقام رسید و داعی حق را لبیک اجابت گفته مرغ روح شریفش
در حظائر قدسی ماوی گزید رباعی دردا که پاکباز جهان از جهان برفت
پاک آنچنان که آمده بود آنچنان برفت هول این واقعهٔ محنت اندوز
سیلاب اضطراب در جان این ناتوان انداخت ونهیب این
حادثهٔ شکیب سوز بصر بصیرت این سرگشته وادی حیرت را خیره ساخت
رباعی یارب چه کنم با که خورم این غم را وز دل بچه بیرون برم این ماتم را

قیام نمایم تا از عهدهٔ ادای شکر بعضی از نعم بیکرانش بیرون آیم عاقبت
مرشد عقل در گوش جان گفت که هر چند صیت مآثر و آوازهٔ مناقب
و مفاخر این امیر عادل خیر در اطراف و اقطار عالم شایع است و بر السنه و
افواه فوق بنی آدم دایر و سایر و بر طبق تعرف فی وجوههم نضرة
النعیم انوار مجد و معالی از جبین مبینش لامع است و بمقتضای سیماهم
فی وجوههم آثار جلالت و بزرگی از ناصیهٔ همایونش لایح قطعه
سخن بمدح تو آراستن غرض آنست ه که نزد اهل هنر رونقی بود ما را
وگرنه منقبت آفتاب معلومست ه چه حاجتست بمشاطه روی زیبا را
اما اگر جزوی چند ترتیب داده آید مشتمل بر شمهٔ از فضیلت
مکارم اخلاق و محاسن آداب و در ضمن آن بعضی از سیر سنیه و
شیم مرضیه و بدایع حالات و غرایب واقعات خصایص طبع
سحر آثار و نتایج خامهٔ لطایف نگار این امیر مؤید کامکار شرح پذیر
گردد ممکن که دقیقهٔ از مواجب حق گزاری باقامت توانی رسانید
و ذرهٔ از عهدهٔ شکر نعمت عالیحضرت هدایت شعاری بیرون توانی آمد

و قواعد قصر شریعت بمساعی اجتهاد ایشان متانت لا کلام پذیرفت
نظم از خداوند سابق الانعام باد بر روح شان درود و سلام
اما بعد بر بصایر اولو البصایر مختفی و مستتر نماند که چون کرّة بعد اخری
پرتو عنایت و آفتاب عاطفت عالیحضرت خداوندگاری مهر سپهر
شرف و بزرگواری مستخدم صنادید آفاق مستجمع مکارم اخلاق مظهر
آیات رحمت رحمانی مظهر انوار عنایات جناب سبحانی قدوه ارباب
علم و عرفان قبله اصحاب تحقیق و ایقان مؤتمن دولت خاقانی مقرب
حضرت سلطانی آنکه ع از فقر غنی آمد و در بذل دلیر نظام الحق و الحقیقة
والدنیا و الدین امیر علیشیر روح الله تعالی روحه و کثّر بین الصدیقین
فتوحه بر بنده فقیر و ذرّه حقیر غیاث الدین بن همام الدین المشتهر
بخواندامیر احسن الله تعالی احواله و انجح بالخیر مقاصده و آماله تافت
بلکه نهال وجودش از مبادی سن صبی تا اواخر اوقات شباب
در جویبار تربیت و نوال آنحضرت نشو و نما یافت بمقتضای کلمه شکر المنعم
واجب پیوسته در دل میگشت و بخاطر میگذشت که آیا بکدام خدمت

قیام

عنایت درست ٭ کن مکن اوراست زنو تا کهن ٭ هر چه کند کیست که گوید مکن
الا له الخلق والامر تبارک الله رب العالمین ونسایم صلواتی که شمایم آن
روایح ریاض رضوان بمشام جان وجنان رساند وشرایف تحیاتی که لمعات
انوار آن باطن خجسته میامن ارباب تحقیق وعرفان را روشن گرداند
تحفه تربت معطر وروضه منور حضرت خیر البشر وشفیع روز محشر
گردون رتبتی که اعیان عالم بالا چشم مرحمت از سحاب عنایتش داشته
سهم سعادت از فیض فضل او میجویند عالی منزلتی که مالکان ممالک خطه غبرا
سر بر خط فرمانش نهاده گرد حریم حرمتش برسم خدمت می پویند بیت
در تتق بارکشش کاه بار ٭ مایده کش عیسی وخضر آبدار ٭ المشرف
بخطاب مستطاب وانک لعلی خلق عظیم المعزز بکتاب تنزیل
عزیز من رب رحیم مصطفی معلی مجتبی مزکی مهتدی هاشمی معتدی قرشی
بیت محمد شه لاجوردی سریر ٭ کز و گشت گیتی عمارت پذیر
ودرود نامعدود وغفران بی پایان نثار ارواح آل واصحاب وعشیرت
واحباب او که ارکان اسلام بسعی واهتمام ایشان سمت استحکام گرفت

بسم الله الرحمن الرحیم وبه نستعین

حمد وثنائی که زینت دیباچهٔ مکارم اخلاق را شاید و شکر و سپاسی که اوراق
مجموعهٔ محاسن اوصاف را بپاراید خلاقی را سزاوارست که بنوک قلم قدرت
وابداع وخامهٔ فطرت واختراع رقم هستی بر صحائف مخلوقات علوی و سفلی کشید
و در خزانهٔ کنت کنزاً مخفیاً را بمفتاح فخلقت الخلق لاعرف گشاده جواهر زواهر
اسباب معرفت خود را ظاهر گردانید مثنوی معرفتش گر نشدی رهنمای
نه زخود آگه بدمی نه زخدای ** گر همه زاندیشه جگر خون کنیم ** شکر چنین مرحمتی
چون کنیم ** فیاضی که غنچهٔ وجود بنی نوع انسان در گلستان عنایتش به تبسم
نسیم ونفخت فیه من روحی با حسن وجهی شگفت ونهال اقبال طایفه ازیشان در بوستان
مکرمتش بر طبق ورفعنا بعضکم فوق بعض بسبب ادراک حقایق و معارف
سمت ارتفاع پذیرفت بیت طالع مردم زشمار نخست گرد بتقویم